O Que Outros Estão Dizendo Sobre "Como Atuar e Falar em Público":

Como Atuar e Falar em Público é uma leitura obrigatória! Janet Esposito pegou um problema que muitos compartilham, e que é, por muitos, considerado vergonhoso, e proporcionou um novo conjunto de estratégias para superá-lo. Janet oferece uma contribuição singular ao campo. Ela integra as técnicas eficazes de realce motivacional e autodesenvolvimento com métodos comportamentais cognitivos para produzir o que talvez seja uma das fórmulas mais eficazes de tratamento para a ansiedade social e fobias de discurso. É um prazer ler o livro de Janet e espero que ele ajude a todos que o lerem e o usarem! Acredito que se você ler *Como Atuar e Falar em Público*, não precisará de nenhum outro livro sobre esse tópico.

        Andrew Magin, Ph.D.
        Psicólogo
        Diretor, The Connecticut *Center for Anxiety Disorders*

Autoexpressão é uma das necessidades humanas mais básicas. No entanto, alguns de nós ficamos paralisados pela ansiedade e medo e não conseguimos nos comunicar ou desempenhar eficazmente em ambientes públicos. O livro da Janet Esposito ajuda os leitores a transformar suas experiências negativas passadas em novas oportunidades de ouro ao se mostrarem através da autoexpressão. Uma leitura obrigatória para todos aqueles que temem falar ou atuar em público!

        Dr. David N. Greenfield
        Autor de *"Virtual Addiction: Help for Netheads, Cyberfreaks, and Those Who Love Them"*
        CEO, The Center for Internet Studies President, The Connecticut Psychological Association

Como Atuar e Falar em Público é um verdadeiro presente para as pessoas que passam por qualquer grau de temor ou desconforto ao falar ou atuar diante de outras pessoas, seja formal ou informalmente. Janet Esposito demonstra sensibilidade, sabedoria e paixão ao guiar seus leitores no caminho da superação de seus medos e a encontrar uma liberdade recém-descoberta no poder da autoexpressão. Seu entusiasmo pelo tópico faz com que a leitura seja fácil e dinâmica. Se você tiver qualquer problema para falar ou atuar em público, vai querer ler *Como Atuar e Falar em Público*!

                Sharon McQuaide, Ph.D.
                Professor, Faculdade de Pós-Graduação
                em Serviços Sociais da Universidade de Fordham

Como Atuar e Falar em Público deveria tornar-se um livro de bolso para as pessoas em artes cênicas, assim como para aqueles interessados em ter sucesso em outras ocupações. Seus exercícios são um guia para o desenvolvimento de habilidades comunicativas, essenciais a todos os relacionamentos, profissionais e pessoais. Janet Esposito prestou um trabalho maravilhoso àqueles cujo potencial é limitado pelas ansiedades sociais.

                Cathy Lipper, M.S.W, D.C.S.W.
                Professor Adjunto, Universidade Estadual do Oeste de Connecticut

COMO ATUAR E FALAR EM PÚBLICO

Transforme seu Medo em Energia Positiva Discurse e Atue com Segurança e Competência

Sob os Holofotes

Janet Esposito

M.Books do Brasil Editora Ltda.

Rua Jorge Americano, 61 - Alto da Lapa
05083-130 - São Paulo - SP - Telefones: (11) 3645-0409/(11) 3645-0410
Fax: (11) 3832-0335 - e-mail: vendas@mbooks.com.br
www.mbooks.com.br

Dados de Catalogação na Publicação

Esposito, Janet
Como Atuar e Falar em Público – Sob os Holofotes / Janet Esposito.
2011 – São Paulo – M.Books do Brasil Editora Ltda.
1. Oratória 2. Comunicação 3. Psicologia 4. Autodesenvolvimento

ISBN: 978-85-7680-109-2

Publicado em inglês por John Wiley & Sons, Ltd.
Do original: In The Spotlight – Overcome your fear of public speaking and performing
ISBN original: 978-1-906-46511-7
© 2008 by Janet Esposito
© 2011 M.Books do Brasil Editora Ltda. Todos os direitos reservados. Proibida a reprodução total ou parcial. Os infratores serão punidos na forma da lei.

Editor
Milton Mira de Assumpção Filho

Tradução
R. Brian Taylor

Produção Editorial
Beatriz Simões Araújo

Coordenação Gráfica
Silas Camargo

Design de Capa
Tom Tafuri

Editoração e capa
Crontec

Dedicatória

Ao meu maravilhoso marido Rich, que sempre acreditou que eu escreveria um livro, e à minha cachorra Célia, uma Golden Retriever, que sempre inspirou minha criatividade e alegria.

Do fundo do coração, agradeço à minha tia Pat, por sua generosidade e sabedoria.

AVISO

Este livro é apenas para fins informativos e educativos. Ele não tem a intenção de oferecer conselhos ou psicoterapia, nem proporcionar conselhos médicos. Se você achar que qualquer material deste livro possa lhe causar alguma angústia significante, favor procurar assistência médica imediatamente. Consulte também seu médico se escolher tomar algum medicamento ou produtos herbáceos para ajudá-lo com seus sintomas de ansiedade associados ao discurso e atuação em público.

Agradecimentos

Gostaria de expressar minha gratidão às muitas pessoas que me apoiaram e me encorajaram no processo de criação deste livro. Primeiramente, gostaria de agradecer aos alunos que estavam dispostos a compartilhar suas próprias experiências neste livro para ajudar outras pessoas. Também gostaria de agradecer a todos meus alunos pela sua coragem em tomar a iniciativa de ajudar outras pessoas a superar seus medos, e também por suas respostas entusiásticas ao meu curso. Gostaria de agradecer a Rich e Célia por terem me proporcionado todo o tempo que precisei para dedicar minha atenção à escrita deste livro. Gostaria de agradecer David Greenfield, Ph.D., por me cobrar pela minha palavra de que eu começaria um curso para ajudar as pessoas que temem o discurso ou atuação em público, o que basicamente me levou à escrita deste livro. Agradeço a David por ter lido e revisado meu livro. Minha mais profunda gratidão vai para Andy Magin, Ph.D., por ter tido tempo para ler e revisar meu livro, pelo reconhecimento incrível e palavras de encorajamento. Também agradeço Cathy Lipper, L.C.S.W., e Sharon McQuaide, Ph.D., pelo tempo generoso, *feedback* na leitura dos primeiros rascunhos do meu manuscrito e revisão do meu livro finalizado. Gostaria de agradecer Roberta Buland, minha editora, por sua editoração extraordinária e sua confiança em meu trabalho. Também sou bastante grata a Rose Esposito pelos seus comentários úteis na leitura do meu rascunho final. Quero expressar minha profunda apreciação a Brian Jud, que, desde o começo, mostrou confiança no meu livro e que pacientemente me explicou todo o processo de publicação. Agradeço também a Pam Redmer por sua paciência e talento em criar um logotipo extraordinário para minha empresa, o qual também foi usado na capa do meu livro. Agradeço a Tom Tafuri pelo tempo generoso e talento em criar o design para a capa do meu livro. Agradeço a Deb Polydys por seu direcionamento especialista no desenvolvimento de todos os aspectos da minha empresa, In The SpotLight, LLC. Agradeço aos meus técnicos, William e Farah, por sua confiança infinita em mim e por me cobrarem pelos altos padrões que estipulei para mim mesma. Quero também expressar meus profundos agradecimentos a Tony Robbins, por seu trabalho tremendamente inspirador e transformador, o qual me permitiu encontrar o poder dentro de mim. Por último, gostaria de agradecer a todas as pessoas que expressaram interesse e entusiasmo sobre meu trabalho, e que validaram meu próprio entusiasmo com a escrita deste livro.

Sobre o Autor

Janet Esposito é assistente social clínica licenciada. Ela é presidente de The SpotLight, LLC, uma empresa dedicada a ajudar as pessoas a superar seus medos do palco nas áreas de discurso e atuação em público. Ela criou o *workshop* Chega de Ter Medo do Palco (No More Stage Fright) em 1988 para proporcionar às pessoas experiências práticas no aprendizado e aplicação de métodos para superar o medo relacionado ao discurso e à atuação em público. Seu *workshop* também tem sido útil para aqueles que sofrem qualquer tipo de ansiedade social em relação a outras pessoas. Além de liderar classes em grupo, a Janet oferece *coaching* por telefone, em pessoa ou por e-mail para as pessoas que querem atenção individual e apoio para trabalhar na superação de seus medos de discurso e atuação em público. Janet, por meio de consultoria, também se coloca à disposição para as empresas e oferece *workshops* no local.

Janet trabalha como psicoterapeuta há mais de 22 anos e há 16 tem uma clínica particular. Suas especialidades incluem ajudar as pessoas a superar o medo do palco e outras ansiedades e fobias, gestão de estresse, atuação pessoal, *coaching* para a vida e aconselhamento de casais. Janet formou-se na Escola para Assistência Social da Faculdade Smith.

Você pode entrar em contato com ela via e-mail no *jesposito@performanceanxiety.com*. Ou visitar seu site na Internet no *www.performanceanxiety.com*.

Sumário

Capítulo 1: **Saindo do Armário** — 15
  Resumo — 19
  Etapas para Ação — 19

Capítulo 2: **Você Não Está Sozinho** — 21
  Resumo — 25
  Etapas para Ação — 26

Capítulo 3: **Almas Ligadas** — 29
  Resumo — 47
  Etapas para Ação — 47

Capítulo 4: **Sem Força de Vontade Não Há Glória** — 49
  Criando o Verdadeiro Sucesso — 50
  Começando um Diário — 50
  Autoavaliação da sua Experiência com
  Discurso e Atuação em Público — 52
  Resumo — 53
  Etapas para Ação — 53

Capítulo 5: **Temendo o Medo em Si** — 55
  A Espiral do Medo — 57
  Fazendo as Pazes com Seu Medo — 60
  Criando um Lugar Seguro — 62
  Assentando-se — 66
  Os Benefícios da Respiração Profunda — 67
  Respiração Profunda: Método Um — 68

Respiração Profunda: Método Dois 69
Resumo 70
Etapas para Ação 72

Capítulo 6: **Não É Sobre a Minha Pessoa** **75**
Resumo 78
Etapas para Ação 79

Capítulo 7: **Desenvolvendo Crenças e Conversas Internas que nos Amparam** **81**
Desafiando os Medos Imaginários 85
Desenvolvendo um Novo Conjunto de Crenças e Previsões 89
Banindo a Voz Interna Crítica 91
Resumo 96
Etapas para Ação 97

Capítulo 8: **Criando um Corpo e uma Mente Calmos e Habilidosos** **99**
Mudando as Percepções 101
Minhas Primeiras Percepções 101
Minhas Percepções Atuais 102
Demonstrando Humor 104
Tornando-se Confiante 106
Expandindo sua Identidade 111
Cuidados Pessoais Positivos 113
Criando um Corpo Relaxado e Habilidoso 114
Método Progressivo de Relaxamento 114
O Método de Treinamento Autogênico 115
Expressando os Estados Emocionais 117
Criando uma Linguagem Efetiva 119
Resumo 121
Etapas para Ação 122

Capítulo 9: **Chegando à Origem do Problema**	**125**
Entendendo a Origem de seu Medo	127
Indo Além das Dores do Passado	131
Resumo	135
Etapas para Ação	136
Capítulo 10: **Superando a Autoconsciência e a Inibição**	**139**
Saindo da Zona de Conforto	141
O Risco de Parecer Estúpido	143
Reduzindo a Inibição	144
Resumo	145
Etapas para Ação	146
O Exercício da Visibilidade	146
O Exercício Ultrajante	147
Capítulo 11: **Criando Novas Possibilidades**	**149**
Visitando Novamente os Participantes do Curso	152
Resumo	160
Etapas para Ação	160
Posfácio	**163**
Anexo: **Feedback dos Participantes do Curso Chega de Ter Medo do Palco ("No More Stage Fright")**	**165**
Referências	**171**

Sob os Holofotes

1

Saindo do Armário

Eu nunca imaginei que escreveria um livro até alguns anos atrás, quando saí do armário em relação ao meu medo de falar em público. Até então, mantive tudo em segredo, compartilhando meu intenso medo e pavor com apenas alguns amigos de confiança e membros da família. Sempre me senti envergonhada por ter esse problema. Meu maior medo era que as outras pessoas descobrissem quanto ansiosa e temerosa eu estava, e elas poderiam pensar que havia algo realmente errado comigo. Sempre quis ser respeitada pelos outros e meu maior medo era que eu perderia toda a credibilidade e respeito se elas detectassem meu pavor para falar na frente de outras pessoas. Esse medo era potencializado quando eu imaginava o que as pessoas poderiam pensar sabendo que eu sou uma psicoterapeuta. Achava que as pessoas questionariam minha competência como terapeuta, uma vez que eu não conseguia nem mesmo controlar meu estado emocional quando tinha de falar na frente de um grupo de pessoas.

Geralmente, eu não tinha problemas quando tinha de falar com um indivíduo ou apenas algumas pessoas em um ambiente informal. No entanto, algumas vezes eu tinha um surto de ansiedade se me sentisse intimidada por uma pessoa ou situação específica, ou se tivesse um momento de inibição por ser o centro das atenções. O verdadeiro pânico, contudo, era quando eu tinha de falar em um ambiente mais formal. Isso variava de ter de me introduzir em uma nova situação, como uma classe ou um seminário, a ter de dar uma apresentação formal de qualquer tamanho. Meu medo aumentava progressivamente se eu fosse chamada para falar na frente de um grupo maior do que dez pessoas, o que tinha de fazer de tempos em tempos.

Com o passar dos anos, meu medo aumentava. Eu ficava aterrorizada e apavorada quando tinha de me apresentar diante de outras pessoas, mesmo se os holofotes ficassem sobre mim por apenas trinta segundos! Com isso, comecei a ter sintomas de ataque de pânico total quando tinha de falar na frente de outras pessoas e não tinha como escapar. Eu me sentia humilhada por meu estado desesperado e comecei a pensar que realmente havia algo errado comigo.

Lembro-me de tentar fazer todo o possível para não ter de falar em reuniões ou dar apresentações. Embora eu tenha conseguido escapar dessas situações muitas vezes, havia horas em que não conseguia evitar o inevitável, e eu tinha de falar. Quando sabia que iria enfrentar uma situação onde tinha de falar em um grupo ou dar uma apresentação formal, eu ficava aterrorizada e apavorada por dias, semanas, e mesmo meses antes da hora. Preocupava-me com a nuvem negra que se formava à frente, e parecia que eu tinha recebido uma sentença de morte. Eu não apenas temia falar na frente de outras pessoas, mas também me aterrorizava a profunda perda de controle que eu sentia em minha mente e corpo quando estava nesse estado de medo intenso. O temor da minha própria perda de controle e o temor de que outros me vissem tão fora de controle basicamente abasteciam meu medo e pânico.

Eu sofria sozinha com esse medo e sentia um terror silencioso todas as vezes que enfrentava uma situação onde tinha de falar. Comecei a organizar minha vida profissional de modo a evitar reuniões e outros compromissos onde eu teria de falar. Consegui fazer isso com bastante sucesso, especialmente quando consegui ter uma clínica particular e não fazia parte de uma organização maior. Anos se passaram e eu estava contente com a minha evitação. Eu pouco sabia que estava piorando meu problema com o próprio ato de fuga. Eu apenas sabia que isto me mantinha segura e confortável.

Aproximadamente cinco anos atrás tive de confrontar meu medo novamente, quando me juntei a uma parceria em um grupo de clínicas particulares. Uma das primeiras coisas que meus parceiros propuseram era fazer uma apresentação conjunta no hospital local onde eu costumava trabalhar. Minha reação inicial foi de pânico, e eu imediatamente comecei a pensar em meios de escapar dessa situação. Felizmente, minha próxima reação foi de que eu estava cansada das minhas táticas de fuga e finalmente disse a mim mesma: "Já chega!". Nesse momento, eu sabia que precisava tentar superar meu problema, embora não acreditasse que iria conseguir. Comecei, então, a ver essa apresentação como uma oportunidade para confrontar meu medo de uma vez por todas, pois eu estava começando a me cansar de o medo estar sempre no meu caminho. Nos meses que antecederam a apresentação, me esforcei ao máximo para aprender meios de reduzir meu pânico e ansiedade.

Quando chegou a hora da minha apresentação, no Danbury Hospital Grand Rounds, fiquei maravilhada em ver meu sucesso ao reduzir os sintomas de medo com o simples uso de certos princípios e estratégias. Senti-me extremamente encorajada. Depois disso, continuei a procurar mais métodos que me ajudassem a superar meu medo, e me vi cada vez mais confiante de que conseguiria vencê-lo. Também comecei a me arriscar mais a falar em público e, embora no início estivesse extremamente ansiosa, consegui tolerar meu desconforto e não deixá-lo me barrar, como acontecia antes. Agora eu tinha certos métodos que podia usar para reduzir meu medo a níveis mais administráveis. Eu não me sentia mais fora de controle, o que me permitia arriscar mais. Comecei a perceber uma confiança crescente e fé em mim mesma e em minha habilidade de falar, de modo que meu medo profundo e pavor de falar em público começaram a diminuir. Fiquei chocada e totalmente maravilhada em ver isso acontecer porque eu não acreditava que conseguiria superar esse medo. Sempre pensei que este seria uma aflição para a vida toda, com a qual eu teria de aprender a conviver.

Como terapeuta, me especializei em ajudar as pessoas que têm uma série de problemas de ansiedade. Nos últimos anos, tenho me interessado mais em ajudar pessoas que têm fobias relacionadas ao discurso em público, como cantores, músicos, atores e atrizes que têm ansiedade de performance. Em minha clínica, ajudei muitas pessoas com esse tipo de problema. Comecei a ver os resultados que meus clientes tinham ao usar os métodos que eu havia usado para ajudar a mim mesma. Decidi, então, começar um curso para ensinar esses métodos a grupos. Dessa maneira, os participantes do grupo poderiam ter uma oportunidade de praticar os métodos enquanto falavam ou atuavam na frente de outras pessoas.

À medida que as pessoas faziam o curso, e entusiasticamente falavam sobre como os métodos foram úteis para reduzir seus medos e inibições de falar ou atuar na frente de outras pessoas, decidi que era hora de compartilhar essas ideias com outros em uma escala maior. Foi então que decidi escrever este livro, o qual será seguido por uma série de gravações de áudio. A força motriz em minha vida tem sido ajudar pessoas que, como eu, sofrem desse medo. Para mim, tornou-se uma missão fazer o que eu puder para guiar e inspirar as pessoas a superar esse medo, o qual tem impedido que muitos de nós nos expressemos total e confortavelmente na frente de outras pessoas. Essa missão acrescentou um propósito ao meu sofrimento e é um exemplo entusiástico de como transformar um problema em uma oportunidade para ajudar outras pessoas!

RESUMO

- A experiência de pânico e pavor para falar ou atuar em público geralmente cria sentimentos de vergonha e a sensação de estar sozinho com seu sofrimento.
- Com o passar do tempo, evitar continuamente situações como falar ou atuar em público tem a tendência de piorar o medo.
- Há uma saída para esse problema!
- Para superar esse problema, você precisa se comprometer totalmente em fazer o que for preciso para aprender e aplicar os princípios e estratégias que reduzem o medo, construindo confiança em si mesmo nessa área.
- Você tem o direito de se expressar total e confortavelmente na frente de outras pessoas e não ser mais impedido por esse medo.

ETAPAS PARA AÇÃO

- Prometa a si mesmo que fará o que for possível para superar esse problema. Decida que você não será mais impedido pelo medo e que você tem a necessidade e o direito de se expressar total e confortavelmente na frente de outras pessoas!
- Reserve algumas horas na semana para ler este livro e fazer os exercícios. Faça com que esse tempo seja uma prioridade. Prometa a si mesmo que irá acabar este livro e não permitirá que outras coisas fiquem no seu caminho.

Sob os Holofotes

2

Você Não Está Sozinho

O medo de falar em público foi considerado o medo número um dos adultos americanos. Você já deve ter ouvido a piada de que muitas pessoas prefeririam estar no caixão a fazer um discurso no funeral de alguém!

Embora as pesquisas tenham focado no discurso em público, muitos atores têm um medo paralelo relacionado à questão similar de ser o foco da atenção de outras pessoas e saber que seu desempenho será avaliado. Dadas as similaridades no modo como o medo é experimentado, e nos métodos usados para reduzir a ansiedade de performance para ambos, farei referência ao discurso em público e à atuação em público por todo este livro. Os atores que participaram das minhas aulas de Chega de Ter Medo do Palco (*No More Stage Fright*) foram igualmente ajudados pelos métodos usados, os quais serão delineados nos capítulos seguintes.

Enquanto muitas pessoas experimentam certo grau de medo de palco, há uma grande distinção entre as pessoas que sentem umas borboletinhas no estômago e dizem que o antídoto para seus medos é estar bem preparado e ter ensaiado muito, e aquelas que, como nós, sentem pavor, terror e pânico com o simples pensamento de falar ou atuar em público. Estar bem preparado e ter ensaiado ajudam quase nada para reduzir o medo intenso para nós que temos um caso muito mais forte de medo do palco. Para nós, o medo vai muito mais fundo. É a sensação de estarmos emocionalmente inseguros quando somos expostos e nos sentimos vulneráveis na frente dos outros. Passamos a não confiar em nós mesmos por causa da perda de controle que sentimos em nossas mentes e corpos. Nosso medo, com o passar do tempo, tende a piorar, e não melhorar, à medida que falamos ou atuamos em público. O conselho antigo, "Apenas esteja bem preparado e você se sairá bem", não funciona para nós. Este faz com que nos sintamos ainda mais sozinhos e incompreendidos.

Você definitivamente não está sozinho. A maioria de nós, que têm esse nível de medo, faz de tudo para escondê-lo porque tem vergonha dele. Eu consegui esconder meu medo muito bem e as pessoas ficaram chocadas quando descobriram que eu tinha esse problema. Sempre fui vista como uma pessoa sociável, confiante e que fala bem. Muitas pessoas que parecem ser assim sofrem secretamente! Existem também muitas pessoas que tendem a ser tímidas e socialmente desconfortáveis, que ficam aterrorizadas quando são chamadas para falar em público.

Um estudo baseado nos dados do Censo de 1998 sobre a prevalência de tipos diferentes de Distúrbios da Ansiedade, realizado pelo Instituto Nacional de Saúde Mental (NIMH), estimou que 5,3 milhões de adultos americanos, entre as idades de 18 e 54, têm Fobia Social. O medo de falar ou atuar em público encaixa-se na categoria "Fobia Social" caso este satisfaça os seguintes critérios: causa desconforto significante para as pessoas; ou interfere significantemente no funcionamento ocupacional, acadêmico ou social destas. A maioria que tenta buscar ajuda para esse problema sofre uma angústia profunda e acaba sentindo-se impotente face a essa luta interna. Para muitos de nós, o problema também tem nos limitado profissional, acadêmica e socialmente. Ele nos impede de completar um curso superior, de se aventurar em certas carreiras, de buscar oportunidades para crescimento profissional, de nos expressarmos em reuniões e grupos de amigos, e de buscar outras coisas que nos são importantes quando temos de ficar sob os holofotes para falar ou atuar na frente de outras pessoas. O medo de falar ou atuar em público muitas vezes desgasta nossa autoestima e nos faz sentir certo grau de impropriedade e inferioridade, especialmente quando nos comparamos a pessoas que conseguem falar ou atuar em público com facilidade e confiança.

Meu propósito em discutir esse problema como uma Fobia Social não é para rotulá-lo de "Sociofóbico", mas para ajudá-lo a entender melhor o tipo de problema que você tem. O medo de falar ou atuar em público não reflete uma falha de caráter ou fraqueza pessoal. É um tipo de fobia em uma categoria mais ampla de problemas de ansiedade. Embora você sinta que esse é o pior problema que você poderia ter, posso lhe garantir que não é. Existem pessoas que são totalmente incapacitadas por uma série de problemas como ansiedade, depressão e outros desafios emocionais. Embora minha intenção não seja minimizar o problema, pois estou bastante ciente do intenso sofrimento e limitações que ele cria, é também importante entender onde está o problema dentre os diversos desafios emocionais que as pessoas enfrentam em suas vidas.

Uma das características essenciais de uma Fobia Social é o medo marcante e persistente de uma ou mais situações sociais e de atuação onde possa ocorrer certo constrangimento. A exposição a uma situação como essa cria uma resposta de ansiedade imediata e geralmente leva a um ataque de pânico. Mais frequentemente, a situação social ou de atuação é evitada o máximo possível e, se não for possível, ela é tolerada com pavor. As pessoas com esse medo temem que os outros as julguem como ansiosas, fracas, "loucas" ou estúpidas. A notável ansiedade antecipada geralmente ocorre bem antes do evento de fala ou atuação em público. Outras características que as pessoas com Fobia Social têm é que elas são extremamente sensíveis à crítica, à avaliação negativa ou à rejeição; têm dificuldades em serem positivas e têm autoestima baixa ou sentimentos de inferioridade.

Embora algumas pessoas com Fobia Social tenham um sentimento geral de autoestima baixa, sentimentos de inadequação ou desconforto social, existem outros que geralmente se sentem bem sobre eles mesmos, profissional e pessoalmente, e que são habilidosos e se sentem confortáveis em muitas situações sociais. Para este último grupo, ter o problema é muitas vezes contraditório com a maneira como eles se veem e com o que os outros esperam deles, com base em seus níveis geralmente altos de performance. Este era o meu caso, e isso me levou a sentir mais medo de que outras pessoas detectariam meu problema, o que faria com que eu perdesse minha credibilidade e o respeito delas. Parte da minha própria cura para que esse problema não mais acontecesse veio quando eu revelei meu problema e não senti que as pessoas me olhavam com inferioridade ou me tratavam diferentemente. Muito pelo contrário; as pessoas respeitaram a minha coragem em trabalhar o problema e não mais permitir que ele me impedisse de avançar profissionalmente.

Você deve se questionar por que tem esse tipo de problema, como eu mesma fiz muitas vezes. Embora não existam respostas fáceis para esta pergunta, há, quase que definitivamente, muita natureza e criação em jogo. Muitos de nós temos a tendência a sermos mais ansiosos, o que provavelmente tem alguma explicação biológica. Ainda mais significante para muitos de nós são algumas das experiências de vida que enfrentamos ao longo do percurso, que criaram um medo profundo da perda de controle e da perda de confiança em nós mesmos, e muitas vezes nos outros. Ao tentar compensar esses sentimentos, muitos lutam por perfeição, para podermos controlar nosso mundo. Alguns de nós, porém, sucumbem aos sentimentos de incompetência e passividade em resposta ao sentimento de perda de controle. Em qualquer um dos casos, geralmente há um sentimento arraigado de não ser suficientemente bom, de ser deficiente ou defeituoso de alguma maneira, ou de ser diferente dos outros de uma maneira que não será aceita por eles. Isso cria um sentimento de vergonha, medo, constrangimento e humilhação por expor seu verdadeiro "eu" na frente de outras pessoas. Há também a perda de confiança em si mesmo e nos outros, e a impressão de não ser emocionalmente seguro para mostrar seu verdadeiro "eu". Geralmente, não estamos conscientes desses sentimentos. Os sentimentos dos quais estamos cientes são o desconforto intenso e a inibição por sermos o foco da atenção, além do medo de que os outros conseguirão perceber todos os nossos medos e inadequações.

Você deve se perguntar: Como foi que fiquei desse jeito? Para alguns de vocês, aconteceram coisas óbvias em suas vidas que criaram esses tipos de sentimentos; para outros, essas coisas não foram tão claras. No capítulo 9, exploraremos essa questão mais a fundo para ajudá-lo a se conectar com a fonte de seu medo. É importante saber que existem razões para você ter esse medo e que isso não reflete de maneira alguma uma falha de caráter ou fraqueza. Geralmente, para poder aceitá-lo, é útil entender as origens e como esse medo passou a dominar sua vida. Embora esse entendimento seja útil, para a maioria das pessoas ele não é a solução. Existem muitos métodos que são usados para reduzir o domínio que esse problema tem na sua vida.

RESUMO

- Você não está sozinho. O medo de falar em público é o medo número um nas pesquisas com adultos americanos. Muitas pessoas com esse medo tentam escondê-lo e sofrem em silêncio.

- Há um medo paralelo entre a maioria dos atores, por serem o centro das atenções e saberem que sua performance está sendo avaliada. Os métodos que discutiremos funcionam para todos aqueles que sofrem de ansiedade de performance.

- Há uma distinção entre aquelas pessoas com um medo de leve a moderado, e aquelas cujos medos são muito maiores e não são amenizados apenas com preparo e prática.

- As pessoas que sofrem com altos níveis de medo de falar ou atuar em público geralmente têm uma condição chamada Fobia Social. As pessoas com Fobia Social têm um medo marcante e persistente, e evitam situações sociais ou de atuação, as quais poderão constrangê-las.

- Esse problema não reflete uma falha de caráter ou fraqueza. Muitas pessoas capazes e realizadas sofrem com ele. Parece haver uma combinação de natureza e criação em jogo, o que cria a fonte do problema.

ETAPAS PARA AÇÃO

- Se você é como a maioria das pessoas que sofrem com esse problema e se sentem envergonhadas, comece agora mesmo a mudar o conceito ao qual você se apegou por ter esse problema. Você provavelmente pensa que isso é uma fraqueza ou um fracasso da sua parte, e que não deveria ter esse problema e já deveria ter conseguido vencê-lo. Em vez disso, quero que você acredite que esse problema é uma forma de ansiedade que tem raízes na predisposição biológica e em suas experiências no início da vida. Você tornou-se extremamente sensível a ser o foco das atenções em situações de atuação e avaliação pelos outros. Gostaria de lhe pedir que tivesse compaixão de si mesmo em vez de se julgar tão duramente por ter esse problema. Ter esse problema não é uma declaração de sua força de caráter como pessoa. É, sim, uma função de um processo de condicionamento negativo que continua sendo reforçado por pensamentos temerosos e comportamentos de fuga. Não é culpa sua se você não consegue superar esse problema por conta própria. Até mesmo as pessoas mais inteligentes e bem-sucedidas têm dificuldades em descobrir a solução para esse problema por conta própria.

- Prometa a si mesmo que irá pôr fim no ciclo de frustração, desapontamento e raiva para consigo mesmo por ter esse problema. Em vez disso, trabalhe para aumentar seu entendimento dos desafios que enfrenta e desenvolver compaixão para consigo. Decida que você nunca mais se rebaixará por ter esse problema.

Sob os Holofotes

3

Almas Ligadas

Desde que comecei minhas classes de Chega de Ter Medo do Palco (*No More Stage Fright*), comecei a perceber o tremendo poder de cura que acontece quando as pessoas se reúnem e compartilham as experiências que tiveram com esse problema. Elas começam a perceber que realmente não estão sozinhas quando veem outras pessoas que compartilham seus medos e todos os sentimentos associados a estes. Elas começam a sentir que não são diferentes ou incomuns, e iniciam o caminho em direção à autoaceitação. Em minhas classes, um elo profundo é criado quando os participantes rapidamente reconhecem que são todos almas ligadas, que compartilham uma luta de vida comum em busca de uma solução.

Gostaria de introduzir a vocês algumas das pessoas que fizeram o meu curso. Cada uma delas sofreu com o medo de falar ou atuar em público por anos. Estas são as histórias deles antes de fazer o curso. Elas vieram para o curso de vários lugares diferentes do país. O elo comum que compartilham são as experiências de intenso medo e fuga quando têm de falar ou atuar em público, além de seu desejo igualmente forte de superar esse problema. Embora eu tenha mudado seus nomes, em atenção à confidencialidade, captei suas experiências de suas próprias vozes.

Steven C.
Steven é um rapaz solteiro, de 30 anos, formado em Engenharia. Ele atualmente trabalha como engenheiro ambiental.

Com o passar dos anos, Steven tem conseguido, eficazmente, diga-se de passagem, evitar situações onde teria de falar em público. Quando ele realmente precisa, geralmente começa a sofrer de ansiedade extrema um ou dois dias antes. Na noite anterior ao evento, ele nem consegue dormir. Quando consegue cochilar, acorda suando frio e tendo pesadelos sobre como o evento foi péssimo. Algumas horas antes, seu coração começa a acelerar e, quanto mais se aproxima a hora do evento, sua pulsação fica mais rápida. Sua boca torna-se extremamente seca e, quando é chegada a hora, ele começa a tremer. Ele teme que os tremores tomem conta de seu corpo todo. Durante o evento, sua mente acelera em um ciclo negativo, pegando qualquer pensamento negativo e maximizando-o.

O medo do Steven começou no seu primeiro ano do colegial. Ele estava em uma aula que exigia uma apresentação de três a cinco minutos, que seria gravada na frente da classe. Ele não se lembra de ter ficado ansioso em antecipação a isso, mas no segundo em que se postou em frente à câmera e a luz da filmadora foi ligada, ele congelou. Ele acredita que essa foi a primeira vez em que teve um ataque de ansiedade, onde seu coração começou a acelerar em um "ritmo incrível". Sua face avermelhou-se e ele sentia o suor brotando em sua testa. Ele diz: "Eu perdi completamente a sensação de controle, acabei tropeçando e gaguejando durante toda a apresentação. Senti-me mortificado." Ele achava que seu problema com a apresentação o fez sentir-se completamente inferiorizado em relação aos outros alunos. Antes de isso acontecer, ele era uma pessoa dinâmica e adorava ser o foco da atenção quando fazia o papel principal nas peças da escola e tinha de ler em voz alta. Depois desse episódio, ele se afastou completamente de eventos onde tinha de falar em público. Embora ainda se encaixasse socialmente e fosse uma estrela nos esportes, membro do conselho estudantil, presidente da classe e aluno exemplar, sempre encontrou meios para evitar falar em público.

Depois do colegial, Steven foi para uma escola preparatória da Academia de Oficiais da Marinha. Ele esperava que o treinamento militar o ajudasse a combater esse medo e a desenvolver a autoconfiança. Em vez disso, ele acabou abandonando a escola porque tinha de enfrentar situações onde precisava falar em público. Ele dissimulou o verdadeiro motivo de seu abandono com uma explicação viável do porquê para sua saída. "Esse foi o ponto mais baixo da minha vida e eu me senti um verdadeiro fracasso."

Após ter tirado umas férias, Steven matriculou-se em uma universidade. Enquanto estava lá, ele nunca foi à primeira aula, na qual ele teria de se introduzir para a classe. Ele nunca fez uma aula onde tivesse de fazer uma apresentação. Ele diz, agradecidamente, que os formandos em engenharia conseguiam escapar das aulas de oratória. Se este não fosse o caso, ele acredita que teria abandonado a universidade. Academicamente, ele era excelente, mas socialmente era reservado, temeroso de que alguém descobrisse seu medo de falar em público.

Steven planejava fazer um curso de pós-graduação e conseguiu uma prestigiosa bolsa de estudos para pesquisas em uma grande universidade. Embora estivesse ansioso para ir, ele enfrentava o problema de ter de apresentar sua pesquisa para professores, outros alunos e "representantes" de várias empresas privadas. Em face a esse dilema, ele rejeitou essa oportunidade extraordinária e não fez a pós-graduação. Ele diz: "Essa decisão superou meus fracassos anteriores como sendo o mais novo ponto mais baixo em minha vida."

Steven reconhece que esse problema tem tido um impacto muito significante em sua vida. Ele diz que desenvolveu um padrão bem estabelecido de "achar a saída mais fácil" para evitar completamente toda e qualquer situação envolvendo falar em público. Ele, por vontade própria, passou a ter notas mais baixas no colegial para evitar fazer uma apresentação. Ele preferia tirar zero em vez de fazer um relatório para a classe. Deixou passar duas oportunidades educacionais excelentes, a Academia de Oficiais da Marinha e a escola de pós-graduação, por causa desse medo. Profissionalmente, ele tem "progredido sem fazer esforço", em vez de agressivamente ir atrás de oportunidades de promoção. Ele nunca compartilhou esse medo com ninguém e pensava estar "vivendo uma mentira".

Steven disse que sempre teve problemas com o perfeccionismo. Ele achava que se sentiria completamente estúpido se gaguejasse ou perdesse sua linha de pensamento durante uma apresentação. Ele acreditava que era inaceitável não ser "completamente equilibrado, calmo e controlado". Ele tinha um conjunto completo de pensamentos negativos: "E se isso acontecer? E se aquilo acontecer?".

Os pais de Steven são ambos alcoólatras. Fazendo um retrospecto, ele achava que nada era suficientemente bom e que ele tinha de fazer tudo perfeitamente para poder agradá-los. Apesar de suas conquistas, Steven continua sua luta quanto a duvidar de si mesmo. Ele acredita que potencializou o problema com o passar dos anos por não ter tido coragem de realmente atacar os compromissos para falar em público. Após a "euforia inicial de ter escapado", a vergonha inevitavelmente se instalava.

Julie

Julie é uma mulher casada, de 32 anos, formada em Belas Artes. Ela trabalha como diretora de arte publicitária.

Julie diz que, quando fala para um grupo grande, ela realmente "entra em pânico" um dia antes. Ela começa a ter tonturas e sente falta de ar. Seu coração acelera e ela para de pensar racionalmente. À medida que a apresentação se aproxima, o pânico vem em "ondas". À medida que as ondas passam, ela se torna novamente racional e forte – até a próxima onda. Ela diz que "o senso de oportunidade é tudo". Se ela começar a falar logo após uma onda, e tem a chance de respirar fundo, consegue fazer "uma apresentação fabulosa".

Há anos ela faz apresentações publicitárias e dá aulas em uma faculdade, mas nunca se sentiu tão nervosa. Quando criança, ela sempre participava de peças de teatro na escola e cantava na frente de centenas de pessoas sem problemas. Julie sempre adorou estar no palco. Repentinamente, sem mais nem menos, ela estava falando na frente de um grupo de alunos e teve seu primeiro ataque de ansiedade. Desde então, ela sente pânico. Seu pânico geralmente acontece apenas na frente de grupos grandes de pessoas que ela não conhece. Ela não tem ideia de onde veio esse medo, já que falar e atuar em público são coisas que ela sempre gostou de fazer.

Julie diz que seu problema interferiu apenas em sua vida particular. Ela declara: "Passei a ter medo de fazer apresentações porque os ataques de pânico são verdadeiros infernos." Mas as pessoas não veem seu pânico interno, e seus colegas lhe disseram que ela é uma excelente apresentadora. Ela disse que isso interfere com sua autoestima. Quando se tornou vice-presidente de sua empresa, ela se questionou como poderia ser digna se não conseguia nem mesmo se levantar diante de um grupo de clientes. Ela achava que não merecia essa promoção.

A única vez em que a Julie passou por esse tipo de situação fora do seu ambiente de trabalho foi em seu casamento. Trinta e cinco membros de sua família e amigos estavam hospedados em uma pousada para quatro dias de piquenique, eventos esportivos e grandes jantares. Ela diz: "Aquelas pessoas eram mais próximas de mim do que qualquer outra pessoa no mundo." Até mesmo suas amigas da quarta série vieram para seu dia especial. No dia antes da cerimônia, Julie começou a ter ataques de ansiedade. Ela diz: "Não era o fato de eu estar me casando, como todos pensam, mas ter de ficar em pé na frente de todas essas pessoas." Ela entrava em pânico por estar "no palco" e ser o centro das atenções. Ela diz: "É estranho. Especialmente porque eu costumava passar dias com essas mesmas pessoas. Eram pessoas que eu conhecia a minha vida toda." Felizmente para a Julie, o casamento acabou sendo maravilhoso e ela não fez nada a não ser sorrir. Ela conseguiu esquecer que estavam todos lá, apenas ela e o marido, e conseguiu desfrutar o dia e se divertir.

Austin P.
Austin é um rapaz de 29 anos, casado, formado em Contabilidade. Ele atualmente trabalha como *controller* para uma empresa média de varejo.

Austin descreve seus sintomas como pânico imediato quando pensa em qualquer evento que envolva atuar na frente de um grupo grande. Ele disse que já teve ataques de pânico até mesmo quando assistia outras pessoas atuarem. Esses sintomas de pânico incluem o medo de "perder a cabeça", mãos e pés bastante frios, dormência na face, dor no peito e nas pernas, um sentimento de confusão e "sentir-se desconectado do mundo". Ele diz que esses sintomas intensificam-se a "níveis incríveis" até o momento real da atuação. Ele sente o coração bater forte e acelerado, transpiração fria e pânico intenso, o que o faz se sentir como se fosse desmaiar. Seus pensamentos constantemente giram em torno do fracasso e da vergonha associada com o fato de não ter um desempenho de acordo com as expectativas que os outros têm dele. Se ele consegue coragem para atuar, geralmente se acalma depois de trinta segundos, quando sua voz treme e sua voz interna lhe diz que ele irá "perder a calma" na frente de todos. Geralmente, depois desses 30 segundos, esses sentimentos diminuem o suficiente para permitir que ele pense claramente e tenha uma boa atuação.

Austin diz que seus sintomas pioraram muito depois que ele saiu da faculdade e entrou no mundo corporativo. Como criança e jovem adulto, ele adorava atuar na frente de uma plateia e sempre fazia parte de peças teatrais, times esportivos, e costumava ser o líder dos grupos. Entretanto, um desejo intenso de sucesso, uma natureza competitiva e um "medo anormal de fracassar" pareciam mais evidentes à medida que ele assumia mais e mais responsabilidades no trabalho. "Um dia, sem motivo algum, eu tive um ataque de pânico e fiz de conta que precisava sair da reunião por causa de alguma doença." Isso ocorreu várias vezes desde o primeiro episódio, e ele tornou-se obcecado por querer saber quando o próximo ataque de pânico ocorreria.

Ele acredita que seu medo afetou todos os aspectos de sua vida nos últimos dois anos. No trabalho, ele evita situações nas quais poderão lhe pedir que faça uma apresentação para um grupo grande. Ele se sente culpado por causa disso, uma vez que seu emprego requer tais habilidades. Ele diz: "Fazer de conta que sou capaz de atuar quando recebo o aviso em cima da hora é debilitante." Às vezes, sua confiança é muito baixa, e isso afeta seu relacionamento com a família e amigos. Embora ele acredite que tenha feito um bom trabalho até agora, tenha recebido avaliações ótimas e aumentos salariais substanciais, seu medo de falar em público fez com que ele se tornasse depressivo e "realmente mudou minha personalidade". Ele diz: "A culpa e vergonha fizeram com que eu me sentisse miserável."

Austin diz que a origem de seu medo veio do forte desejo de ser aceito, seu medo de fracassar e de sua natureza competitiva. Muito disso, ele acredita, foi cultivado por seu pai quando ele era jovem. Ele se lembra de sentir que precisava ser o melhor dos melhores em tudo para poder ganhar a aceitação de seu pai. Ele também acredita que esses traços de personalidade vão muito além da sua criação e diz ter nascido uma pessoa muito sensível. Ele sempre foi o tipo de pessoa que precisava ser querido por todos e que tem medido seus sucessos e fracassos pelo o que as pessoas pensam dele.

Isabel M.

Isabel é uma mulher de 39 anos. Ela acabou de se formar na faculdade e está atualmente trabalhando como gerente de empregos em uma empresa de tecnologia.

Isabel descreve os sintomas antecipatórios do evento como "horríveis", incluindo ansiedade tremenda, incapacidade para dormir, visões extremas dos piores fracassos e rejeições possíveis, e vergonha e constrangimento por sua incapacidade em lidar com a situação. Na hora do evento, os sintomas tornam-se mais físicos, incluindo "um coração retumbante", dificuldade para respirar, boca seca, vermelhidão no rosto e pescoço, e a sensação de "estar fora do corpo".

Isabel tem esse medo desde que se conhece por gente. Ela nunca teve um "desastre por falar em público", embora continuasse reforçando o medo com o passar dos anos através de "muitos comportamentos de fuga cuidadosamente elaborados. Chegou a tal ponto que tudo que eu precisava era ouvir a palavra 'apresentação' para evocar uma resposta ansiosa, mesmo quando nem era minha apresentação!". Ela diz que a ironia é que ela é, no geral, uma ótima comunicadora e o *feedback* que recebe dos outros sobre suas apresentações tem sido sempre positivo.

Ela acredita que o medo tem tido um impacto significante em sua vida. Ela também acredita que ele a tenha impedido de, até certo ponto, progredir em seu trabalho, mas não de maneiras óbvias ou irreparáveis. Até agora, ela tem tido sucesso, embora diga: "Eu nunca saberei até onde poderia seguir em minha carreira se não permitisse que esse medo me limitasse." Ela diz que agora está em um momento de sua carreira em que precisa "vencer o medo" para progredir.

Ela acha que o maior impacto foi na sua autoestima. Ela tem a tendência de ser muito autocrítica e permitiu que esse medo, bastante comum, alimentasse dúvidas sobre ela mesma. Ela passou a ver isso como sua "maior falha de caráter". Além dos medos, ela sente como se tivesse um "segredo" guardado, o que se tornou um fardo em si, e como se tivesse fracassado consigo mesma por não ter atentado para esse problema antes. A autocrítica para com tudo isso dominou sua autoavaliação e a levou a um nível desproporcional de dúvidas sobre si mesma. Ela diz: "Basicamente, perdi a perspectiva."

Isabel disse que ela nunca teve um evento que desencadeasse o ciclo de medo. Ela acredita que, para ela, ele está associado à sua mania de perfeccionismo. Ela tem dificuldades em aceitar qualquer coisa menos do que perfeita dela mesma, o que sabe ser um "absurdo". Ela acredita que a indisposição para aceitar imperfeições nela mesma provavelmente iniciou o medo, e os anos de comportamento de fuga reforçaram-no.

Jim B.

Jim é um senhor de 51 anos, casado, formado em Desenho Gráfico. Ele atualmente trabalha como escritor técnico.

Jim diz que a antecipação de eventos onde teria de falar em público o perturbava uma semana antes do evento em si. Os sintomas imediatamente antes da apresentação incluem boca seca e aumento nas batidas do coração, assim como uma sensação de pânico generalizado. Enquanto fala, ele muitas vezes se sente "à beira de perder o controle." Nas piores situações, ele diz: "Minha voz trêmula me traía e as pessoas começavam a me olhar com preocupação, ou pior, pena". Algumas vezes, ele se saía bem, apesar de sua ansiedade. Depois dessas vezes, Jim diz que ele sempre sentia "uma profunda sensação de alívio". Muitas vezes, contudo, ele se via frustrado e deprimido após esses eventos.

Jim disse que tem essa ansiedade desde que começou na escola, mas acha que o ponto de partida foi uma experiência ruim que teve ali. Seu medo aumentou muito quando sua professora do segundo ano criticou sua história de "mostre e conte" na frente de toda a classe. Jim hoje diz que a professora devia estar tendo um dia ruim. Ele não se lembra das palavras exatas dela, mas o efeito foi "devastador".

Apesar de toda sua ansiedade, ele teve alguns progressos com o passar dos anos. Por exemplo, como adolescente ele se lembra de ter uma dificuldade enorme para iniciar uma conversa telefônica, embora hoje seja um problema apenas ocasional. Durante o curso de sua educação e carreira, ele teve várias experiências de sucesso em reuniões e apresentações e se sentiu bem com essas experiências. Por outro lado, ele disse que também teve "verdadeiros desastres, pelo menos na minha mente".

Jim diz que sua carreira foi, algumas vezes, limitada pelo julgamento de outros, assim como pela sua própria falta de autoconfiança. Ele acredita que algumas pessoas podem achar que o medo de falar em público seja igual à incompetência em geral. Como resultado, ele acaba não se dando crédito pelas coisas que realizou. Ele diz: "O problema pode causar grandes danos à sua autoestima se você deixar."

Hoje, Jim sabe que seu pai também lutou a vida toda contra esse problema, embora ele nunca tenha comentado nada sobre isso com ele. Jim acredita ter herdado a tendência a sentir esse grau de ansiedade.

Outro fator importante quando Jim estava crescendo era como seu irmão mais velho o tratava. Ele frequentemente criticava o que Jim dizia e raramente lhe dava crédito por alguma ideia criativa. Isso tornou-se um meio de vida na sua infância. A situação ficou tão ruim que, durante sua adolescência, Jim pouco falava com seu irmão. Quando chegou aos 30 anos, seu irmão se desculpou pelo seu comportamento, confessando para o Jim que ele não havia imaginado essas experiências.

Kathryn M.
Kathryn M. é uma mulher de 39 anos, casada, atualmente matriculada em uma universidade em busca de um diploma em Psicologia e Sociologia. Seu emprego atual é investidor privado.

Kathryn diz que sempre fez de tudo para evitar falar em público. Ela disse que teve sucesso em evitar essa situação, porém "ao custo de uma vida incompleta". Quando era necessário que ela falasse em público, sentia pavor e "quase pânico" por dias antes da hora. Ela ficava imaginando que a plateia estava pensando o pior dela, mesmo depois de ter terminado de falar. "Eu me preocupava que a plateia não iria gostar de mim, ou o que eles diriam sobre mim. Sempre senti que não conseguia satisfazê-los." Seus sintomas físicos incluíam falta de ar, suor, tremedeira, boca seca, língua grossa e, basicamente, "perda da realidade", não estar ciente do que estava acontecendo ao seu redor ou do que ela estava dizendo. Enquanto falava, ela sentia que todos os olhos na plateia focavam em todas suas "imperfeições e falhas autopercebidas".

Kathryn diz ter tido esse medo por toda sua vida, mas que ele piorou com o tempo. À medida que ela envelhece, existem coisas que gostaria de fazer e o medo a impede. Ele impediu que ela avançasse na vida profissional, acadêmica e pessoal. Uma vez, ela pediu demissão de um emprego porque havia a necessidade de falar para grupos grandes de representantes de vendas. Ela evitava fazer certos cursos na faculdade onde era necessário apresentar relatórios orais. Ela deixou passar oportunidades sociais e de aprendizado, as quais exigiam que ela falasse para grupos de pessoas.

Kathryn diz que a fonte de seu medo provavelmente vem de sua infância. Sua mãe sempre a criticava e seu pai nunca elogiou os filhos. Ela disse que o interessante é que os sintomas que ela tem durante um discurso estão correlacionados com suas experiências na infância: o medo de as pessoas estarem focando em suas imperfeições, de que ela não consiga satisfazer as outras pessoas e o medo de que o "sintoma físico da boca seca literalmente me impeça de falar".

Reggie D.
Reggie é um rapaz de 30 anos, casado, com diploma de mestrado em Ciências, buscando atualmente seu MBA (Master of Business Administration). Ele atualmente trabalha em uma grande empresa farmacêutica como cientista clínico.

Reggie diz que seu problema parece piorar quando ele sabe que será necessário falar na frente de grupos, como ter de se introduzir, ou participar de seminários e grupos de treinamento. Ele diz que realmente não importa se é na frente de "um grupo de 5 ou 20 pessoas", ele ainda assim tem essa ansiedade. Ele diz que, pelo que leu, o medo geralmente é causado pelo receio de fracassar ou ficar constrangido na frente de um grupo, mas ele não se sente assim antes da apresentação. "Parece que eu tenho esses ataques de pânico pouco antes da apresentação. Eu sinto como se precisasse sair da sala." Enquanto fala, seus sintomas geralmente são falta de ar, voz quebrada, suor e tontura ocasional.

Reggie percebeu esse medo pela primeira vez quando saiu da faculdade e começou a trabalhar. Ele não era colocado em muitas situações onde era necessário falar, mas esses sintomas apareciam assim que uma situação se apresentasse. Faz mais ou menos 7 anos que os sintomas começaram. À medida que sua carreira progride, a necessidade de falar na frente de outras pessoas também aumenta e, desse modo, seus sentimentos de medo ocorrem com mais frequência.

Reggie disse que esse medo tem um grande impacto em sua vida. Sua ansiedade para falar em público deixou-o constrangido várias vezes. Ele escolhia certos cursos na escola porque eles não exigiam apresentações orais. "Já escapei de apresentações no trabalho e lá me arrisco menos para não ser colocado em situações onde terei de fazer mais apresentações." Ele se sente constrangido. Embora a maioria das pessoas não saiba que ele tem esse "medo tremendo", ele sabe. Ele não consegue entender porque isso ocorre. "Para mim, não faz sentido essa dificuldade em me apresentar para um grupo de colegas e compartilhar meu nome e algumas informações sobre mim." Ele disse que, se fosse alguma conversa mais detalhada ou controversa, talvez entendesse melhor esse medo.

Ele disse não ter certeza como esse medo se desenvolveu. Ele acredita que começou quando entrou para a empresa e se sentiu rodeado por pessoas mais velhas, mais espertas, mais experientes e mais importantes do que ele. Quando precisava falar em público na frente dessas pessoas, acreditava que eles o olhariam diferentemente. Com cada introdução ansiosa ou pequenos eventos onde tinha de falar, ele ficava na expectativa dos sintomas aparecerem e seu medo aumentava.

Suzanne G.
Suzanne é uma mulher de 42 anos, casada, com Ph.D. em Psicologia. Ela atualmente trabalha como terapeuta no departamento de saúde mental de um hospital.

Suzanne disse que seus sintomas incluem coração acelerado, boca seca, mãos trêmulas, algumas vezes um bloqueio dos pensamentos e sensação de vulnerabilidade extrema e impropriedade. "Quando me confronto com a tarefa de fazer uma apresentação, temo que meu nível de ansiedade, extraordinariamente alto, será transparente e fará com que as pessoas na plateia fiquem desconfortáveis." Após uma palestra, suas emoções variam. Às vezes ela se sente orgulhosa de ter enfrentado seu medo, mas algumas vezes "se martiriza" porque não fez tão bem como gostaria de ter feito.

Suzanne sempre teve certa ansiedade de performance em algumas situações, mas não achou que essa ansiedade fosse extraordinariamente alta até que entrou no colegial e na faculdade. Ela acredita que "alimentou a ansiedade" ao evitar situações onde tinha de enfrentar seus medos. Cada vez que evitava uma situação, ela disse: "Meus medos e a falta de autoconfiança aumentavam." Ela disse que seu medo era "compartimentado", o que a permitia falar em algumas situações com pouca ou nenhuma ansiedade. Parecia que as situações mais formais e os momentos onde havia grupos grandes é que criavam um nível alto de ansiedade para ela.

Suzanne disse que esse medo afetou sua vida de várias maneiras, especialmente porque ela estava lidando com o medo por meio da fuga, em vez de "enfrentá-lo". Ela disse que, quando antecipava ter de enfrentar o medo, "reprimia suas respostas" ao chamar menos atenção para si, minimizando suas verdadeiras habilidades e se afastando de atividades que realmente queria fazer, mas tinha medo porque não queria ser chamada para falar em público. Ela disse que pessoal e profissionalmente deixou passar algumas oportunidades e deixou nas pessoas a ideia de que era menos capaz do que realmente era, para poder "evitar a responsabilidade de ter de falar em público". Ela foi convidada várias vezes para assumir papéis de liderança pelas pessoas que a veem como competente e forte. Em resposta a isso, ela diz: "Tenho me calado, me esquivado da notoriedade e permitido que pessoas menos capazes fizessem o trabalho apenas para evitar o pedido inevitável que vem com a liderança, o qual é me expressar na frente de um grupo."

Suzanne diz que seu problema provavelmente aumentou, em parte, por causa de uma predisposição natural a ter um pouco de medo do palco. Ele foi, entretanto, potencializado por certas experiências na infância, incluindo um dos pais que tinha pouco controle emocional e uma situação familiar que lhe ensinou a reprimir seus pensamentos, sentimentos e "especialmente minhas palavras". Ela nunca aprendeu como controlar emoções intensas e diz: "Eu simplesmente não sabia que existiam maneiras de me acalmar." Ela também carregava "muita responsabilidade emocional" ao ouvir os problemas pelos quais sua mãe estava passando e escutar: "Não diga nada para ninguém." Isso fez com que ela tivesse medo que: "Falar a verdade sobre certas coisas iria, de certa maneira, prejudicar as pessoas que amo." Ela se tornou muito reservada sobre o que revelava às outras pessoas. Ela diz que seu medo e precaução fizeram com que falar em público fosse algo extremamente estressante, isso porque "era difícil me esconder, e os meus sentimentos, quando estava na frente de outras pessoas".

Michael D.
Michael é um homem de 35 anos, solteiro, formado em Finanças. Ele atualmente trabalha em Wall Street, Nova York.

Michael descreve seus sintomas como coração acelerado, falta de ar e hiperventilação. Ele ficava "extremamente amedrontado" e fazia todo o possível para evitar situações onde tinha de falar em público. Ele acreditava que, se tivesse de falar, "iria desmaiar e me envergonhar muito". Ele sentia meses de ansiedade generalizada antes de qualquer palestra, o que lhe causou problemas estomacais, tensão e "mau humor". À medida que se aproximava o dia do evento, ele não conseguia dormir. "Tinha um sentimento de desesperança total e frustração."

Michael acreditava que poderia falar eficazmente quando tivesse passado o surto inicial de medo. Ele começou a se medicar para tentar controlar os sintomas intensos pelos quais passava. Ele usou Inderal para os sintomas relacionados ao coração e outro remédio para controlar a hiperventilação.

Michael se lembra de ter esse problema desde os 14 anos de idade, ou talvez até mais jovem, porque era muito tímido. Ele diz que a ansiedade piorou aos 18 anos quando "tornei-me completamente inútil nas situações em que tinha de falar em público". Ele disse que isso tem sido um fator limitador profissionalmente, o que fez com que ele fosse menos agressivo para assumir papéis de liderança no trabalho e no desenvolvimento de relacionamentos com novos clientes. Ele acredita também que continua a sofrer de timidez geral em outras áreas de sua vida.

Michael acredita que seu problema tem origem na sua baixa autoestima, assim como em algumas experiências negativas de vida que reforçaram um conjunto de crenças negativas. Ele também acredita que tem uma predisposição genética para esse medo, uma vez que alguns de seus parentes têm problemas similares. Em seus anos na faculdade, ele se lembra de situações onde era bastante franco em debater questões e, como resultado, as pessoas passaram a ressenti-lo. "Isso fez com que eu me tornasse hesitante em abrir a minha boca na próxima oportunidade." Ele também se refere à tensão racial intensificada no final dos anos 80, início dos anos 90, a qual teve efeitos nele e em sua família. Ele disse que isso fez com que ficasse mais introvertido e gerou sentimentos de suspeita e vulnerabilidade.

Diana A.
Diana é uma mulher de 46 anos, casada e com diploma universitário. Ela atualmente trabalha como dona de casa, criando sua filha de 9 anos. Recentemente, ela voltou a se interessar pela carreira de cantora e atriz, estando em várias apresentações no último ano.

Diana diz que seus sintomas de ansiedade de performance incluem sentimentos de impotência, pavor, falta de ar, evitar se preparar para um teste não lendo o material ou, algumas vezes, se preparando demais para um teste. Ela se sente como se estivesse presa, pensando consigo mesma: "Por que estou presa a uma habilidade que tem de ser julgada pelos outros? Por que quis estar em uma profissão onde a rejeição faz parte do negócio?". Ela disse que estava presa em "um círculo contínuo de medo antes dos testes, da rejeição, e acabava desistindo porque seria muito difícil conseguir com o pouco progresso que eu tive". Seus pensamentos também incluem imaginar um teste na frente de um agente ou diretor de elenco que fosse extremamente crítico, frio e rejeitor. Ela então experimentaria sentimentos de vergonha, humilhação e impotência.

Diana disse que o medo de palco lhe causou "inúmeros começos, recomeços e interrupções" no seu desenvolvimento. Ela começou a fazer aulas de canto na adolescência porque gostava de participar do coro da escola. Ela queria ser uma boa cantora para poder entrar no madrigal. Sua professora de canto fez com que ela cantasse em recitais e festivais que seriam julgados. "Esse foi o começo das borboletinhas, mas não era um medo esmagador." Na primavera, ela foi convidada para cantar em uma igreja. Naquela manhã de domingo, ela teve problemas com alergias, estava "bastante rouca" e não conseguiu cantar bem. "Quando acordei naquela manhã, senti que minha voz estava ruim, mas como não tinha experiência, não sabia o que fazer e não pensei em dizer às pessoas que eu não estava em forma para cantar." Assim, quando cantou, ela se lembra de "ter sido ruim durante toda a apresentação". Ela sentia que sua mãe estava realmente "começando a resistir à minha carreira musical" e que a havia decepcionado naquela manhã de domingo. "Eu me senti apavorada e humilhada depois da minha apresentação, e fiquei terrivelmente constrangida pelo que aconteceu." Diana gostaria de ter tido um pouco de reafirmação e encorajamento de sua mãe, mas, em vez disso, ela a ignorou e não disse uma palavra. Ela diz: "Ela estava tão envolvida em seu próprio constrangimento que se esqueceu de ser mãe."

Diana abandonou a faculdade depois de passar um ano no exterior, em um programa de atuação, para poder frequentar a escola de atores na cidade de Nova York. Seu medo do palco alcançou seu estágio mais elevado e ela acabou abandonando a escola de atores por causa do pavor em ter de fazer audições para empregos após se formar. "Tive um pressentimento de que estava fadada a uma vida de medo e rejeição." Ela arrumou um emprego como recepcionista em uma empresa de seguros e fazia aulas de atuação à noite. "Eu dizia que atuar era meu passatempo." Ela disse que não demorou muito e teve de enfrentar a inevitabilidade das audições e "mais uma vez eu fugi" e decidi voltar para a faculdade e me formar. Enquanto estava na faculdade, ela foi convidada para fazer parte de uma produção teatral de verão. Ela aceitou e se sentiu "encorajada e inspirada". Ela então voltou a fazer aulas noturnas na cidade e foi em busca de uma carreira artística em tempo integral. Diana diz: "Dessa vez, assim fiquei, dos 25 aos 37 anos de idade." Ela havia superado muito do seu medo de palco "pela simples força de dessensibilização e por estar constantemente fazendo aulas de atuação". Dessa vez, quando desistiu, foi porque não estava conseguindo o tipo de trabalho em que estava interessada. Ela trocou de profissão e tornou-se repórter para um jornal semanal. Ela saiu desse emprego quando se sentiu "estressada" e decidiu ser mãe 24 horas por dia. "Depois de ter saído do teatro, meu medo do palco aumentou." Recentemente, ela sentiu necessidade dos desafios e emoções que as classes de atuação proporcionavam e, neste último ano, começou a fazer aulas de canto novamente e voltou a se apresentar.

Diana agora entende seu medo de atuar como um medo de abandono. "Porque minha mãe tinha expectativas inapropriadas, artísticas e de desenvolvimento, de uma menina inexperiente do colegial, ela me rejeitou quando perdi a voz na frente de uma plateia." Diana diz ter se sentido humilhada quando perdeu a voz na frente de um grupo, mas que "teria sobrevivido se tivesse recebido o apoio caloroso da minha mãe". Ela diz que, depois daquele incidente, todas as vezes que cantava ou fazia testes: "Eu revivia aquela rejeição inicial devastadora pela minha mãe e experimentava novamente o fato de ela ter me abandonado em um estado de desamparo."

Tuzines N.
Tuzines é uma garota de 17 anos de idade, no último ano do colegial. Tuzines relata ter desenvolvido os sintomas de medo do palco quando teve de tocar seu violino na frente de outras pessoas. Ela começou a "tremer" e seus joelhos pareciam fracos. "Eu me preocupava que todos me veriam tremendo." Ela tem esse medo há muito tempo. Entretanto, esses sentimentos apenas surgem quando toca sozinha ou faz uma parte solo, mas não quando toca em um grupo. Ela fica frustrada com esse problema porque "ele diminui minha performance e eu não pareço ser tão boa quanto sou".

Tuzines percebeu que tinha esse problema porque começou a rejeitar ofertas para tocar. Ela diz: "Eu tinha medo de errar e parecer boba." Ela praticava em seu quarto com a porta fechada e nem saía para tocar para seus familiares.

Quero agradecer a todos esses participantes do curso por compartilharem suas experiências, permitindo, assim, que outras pessoas se sintam menos isoladas e sozinhas. No capítulo 11 visitaremos novamente cada um deles, onde então compartilharão mais sobre como estão usando os princípios e estratégias que aprenderam em minhas aulas Chega de Ter Medo do Palco (*No More Stage Fright*) para dominar seus medos e não deixar que estes fiquem em seus caminhos.

RESUMO

- Existem pessoas de todas as idades e de todos os tipos que têm medo de falar ou atuar em público.

- As pessoas que têm esse medo geralmente entram em pânico quando são chamadas para falar ou atuar. Sua ansiedade também se mostra em sintomas físicos, que as levam a sentir a perda de controle. Há normalmente a sensação de que seus sintomas as trairão e permitirão que outras pessoas vejam como elas estão amedrontadas.

- Em vez de passarem por um desconforto tremendo e arriscarem constrangimento na frente de outras pessoas, muitas pessoas evitam, o máximo possível, situações para falar ou atuar em público. Essa fuga serve para reforçar ainda mais seus medos.

ETAPAS PARA AÇÃO

- Quando estiver se sentindo muito chateado consigo mesmo por ter esse problema, pense nas pessoas que compartilharam suas experiências e lembre-se de que você não está sozinho. Prometa a si mesmo não ficar mais chateado por ter esse problema. Lembre-se de que está tomando as medidas apropriadas para lidar com esse medo, e saiba que há ajuda e esperança para você e outros que sofrem com esse problema!

- Prometa a si mesmo que irá parar o comportamento de fuga no qual você se envolve e, em vez disso, seguirá as diretrizes deste livro para reduzir o medo e obter mais confiança em si mesmo.

Sob os Holofotes

4

Sem Força de Vontade Não Há Glória

Antes de começar a descrever uma série de métodos para superar o medo de discurso e atuação em público, é importante saber onde você se encontra agora, tanto na sua experiência de medo quanto no seu nível de motivação para fazer o que for necessário para superá-lo. Muitas pessoas procuram soluções paliativas, esperando que sejam confortáveis e fáceis. Não posso lhe dizer que esse processo será confortável e rápido; na realidade, posso lhe garantir que haverá momentos de desconforto à medida que você se arriscar mais para superar seu problema. Qualquer sucesso verdadeiro na vida requer trabalho duro e dedicação, e isto não é diferente. O que posso lhe dizer de antemão é que os princípios, técnicas e métodos que descreverei para vocês funcionam, desde que você os use com consistência e perseverança. Como muitos desafios na vida, o que você realiza é um reflexo do esforço que você faz. Eu sempre penso no ditado: "Sem força de vontade, não há glória." O meu maior desafio e a minha maior vitória na vida foram superar esse problema, e posso lhes dizer que definitivamente valeu o esforço e desconforto pelo que passei.

À medida que me arriscava mais, armada com todas as ferramentas que tinha para administrar minha ansiedade, tornei-me mais confiante. Essa confiança me permitiu, e me deu poder, para assumir mais e mais riscos. Eu hoje faço coisas que nunca antes teriam sido possíveis, quando estava muito ocupada me resguardando. Minha vitória mais recente foi falar na frente de mais de mil pessoas em um seminário, e sentir tranquilidade e prazer no processo. Foi uma experiência que nunca mais esquecerei. Fico extremamente grata por ter encontrado um meio de sair desse problema, e também sou grata por conseguir compartilhar o que tem dado certo para mim e para muitas pessoas que usaram os métodos que ensino.

Criando o Verdadeiro Sucesso
O que é necessário para o verdadeiro sucesso, entretanto, é determinação e persistência, tanto para usar os métodos consistentemente quanto para se colocar em situações onde poderá, cada vez mais, assumir riscos maiores de ser visível e de falar ou atuar na frente de outras pessoas. Você não precisa se atirar de cabeça, mas precisa se comprometer a fazer melhorias lenta e disciplinadamente. Incluí vários exercícios por todo o livro e, para obter o benefício máximo, peço-lhes que façam os exercícios seriamente. O ideal seria fazê-los à medida que prossegue com a leitura e antes de passar para a próxima seção. Ou talvez você queira ler todo o livro e retornar para fazer os exercícios. De qualquer maneira, faça-os, porque o verdadeiro entendimento e aplicação acontecerão quando estiver fazendo os exercícios. Se você apenas ler este livro passivamente e não fizer os exercícios, obterá menos do que metade do benefício potencial que ele lhe oferece. Por favor, não se engane! Se você realmente quer superar esse problema, comece agora e com disposição para fazer o que for necessário para se ajudar.

Começando um Diário
Para ajudá-lo a manter altos níveis de motivação por todo o processo, eu gostaria que você respondesse as perguntas seguintes. À

medida que você lê este livro, gostaria de encorajá-lo a escrever um diário ou caderno separado para que possa facilmente rever as suas respostas a todos os exercícios. Também quero encorajá-lo a marcar o texto ou fazer anotações, e rever esse material antes de fazer uma apresentação ou atuação. Também recomendo que você mantenha uma lista das Estratégias em uma folha de papel, ou um cartão com os muitos métodos diferentes que estarei lhe ensinando, de modo a poder acessá-los facilmente para uma revisão rápida quando necessário. Recomendo que você revise esse material semanalmente nos próximos meses, isso porque é fácil se esquecer dos muitos métodos diferentes que você pode usar para se ajudar. Uma semana ou duas antes da apresentação ou atuação, revise a lista diariamente. Quando o material é revisto regularmente, isso ajuda a manter as ideias no seu subconsciente, e são mais facilmente lembradas quando você precisa delas. Agora, por favor, responda as perguntas seguintes no seu diário antes de seguir adiante, isso porque as respostas influenciarão o resto do processo de leitura deste livro.

1. Qual(is) resultado(s) específico(s) você espera conseguir como resultado da leitura deste livro?
2. O que você tem a ganhar se escolher se dedicar 100% a esse esforço e fizer todos os exercícios e etapas recomendadas para ação (conhecido como *entrar totalmente no jogo*)?
3. O que você tem a perder se escolher se esforçar apenas um pouco e ler todo, ou em parte, este livro e fizer alguns, ou nenhum, dos exercícios e etapas recomendas para ação (conhecido como *entrar no jogo pela metade*)? Por favor, seja completamente honesto consigo mesmo. Não vale arranjar desculpas!

A escolha é sua. Não estou tentando comprometê-lo a fazer uma escolha correta, mas tentando elevar sua consciência para que você pense nas consequências de sua decisão. Se você faz ou não os exercícios, ainda assim acredito que tem muito a ganhar com a leitura deste livro. Quero apoiá-lo na sua dedicação para obter o melhor resultado possível deste livro, para que você possa estar realmente no seu caminho de superação do medo de palco. Eu sei por experiência própria que trabalhar essa dedicação superficialmente não é suficiente. Temos de ser sérios sobre nossa dedicação se quisermos alcançar os melhores resultados. Foi assim que eu abordei esse processo, e é o que também quero para você!

Autoavaliação da sua Experiência com Discurso e Atuação
Para iniciar esse processo, é bom ter uma base de onde você se encontra atualmente. Tire alguns minutos para responder as perguntas seguintes no seu diário. À medida que você progride, poderá usá-las como referência, pois elas lhe darão uma medida do seu progresso. Por favor, dedique tempo e raciocínio a cada uma das respostas.

1. Quando o seu medo de falar ou atuar em público começou e como ele progrediu com o passar do tempo?
2. Descreva as maneiras como você tem evitado situações que possam exigir que você fale ou atue na frente de outras pessoas.
3. Qual foi a sua melhor experiência em falar ou atuar na frente de outras pessoas?
4. Qual foi sua pior experiência em falar ou atuar na frente de outras pessoas?
5. Quais tipos de pensamentos, crenças e imagens você tem em relação ao discurso ou atuação em público, o que cria medos e falta de confiança em você?
6. Imagine que você não sente mais esse medo e que agora tem um sentimento recém-descoberto de confiança para falar ou atuar em público. Descreva como é esse novo sentimento para você.

7. O que você quer estar fazendo diferentemente na sua vida profissional e pessoal quando não sofrer mais com as limitações desse medo?

Eu recomendo que você compartilhe suas respostas com pelo menos duas pessoas que conheça e conte a elas sobre seu esforço para se ajudar com esse problema. Peça-lhes que sejam um sistema encorajador à medida que você lê este livro e tenha outras coisas para compartilhar com elas. Em minha experiência, eu me vi extremamente comprometida em trabalhar arduamente para superar esse medo quando compartilhei com outras pessoas meus sentimentos e minhas intenções em tomar medidas para me ajudar. Ao falar com outras pessoas, estou cobrando de mim mesma padrões mais altos e seguindo o que me propus fazer.

RESUMO

- A superação do medo de falar ou atuar em público exige persistência e determinação. Os maiores desafios também proporcionarão oportunidades para suas maiores vitórias.

- É importante se motivar para *entrar totalmente no jogo* e obter os melhores resultados desse esforço.

- Para obter o máximo desse esforço, você precisa cobrar de si mesmo padrões mais altos e seguir o que você se propôs a fazer.

ETAPAS PARA AÇÃO

- Escreva seu compromisso consigo mesmo em fazer o que for necessário para superar esse medo, e os padrões que cobrará de si mesmo.

- Compartilhe esse compromisso com pelo menos duas pessoas que cobrarão de você padrões mais altos para tomar as medidas que lhe ajudarão. Especificamente, peça a elas que cobrem de você esse seu compromisso.

- Compartilhe seu perfil de autoavaliação com essas duas ou mais pessoas e peça o apoio delas para poder falar sobre o que você está aprendendo à medida que progride na leitura deste livro.

Sob os Holofotes

5

Temendo o Medo em Si

Pessoas com medo intenso de falar ou atuar em público geralmente experimentam um ataque de pânico terrível antes ou durante o evento de discurso ou atuação. Um ataque de pânico é um período de medo intenso e desconforto, no qual quatro ou mais dos sintomas seguintes manifestam-se abruptamente, chegando ao auge em dez minutos. A variedade de sintomas inclui:

- Palpitações, coração pulsante e batimento acelerado
- Sensação de falta de ar ou sufocamento
- Suor
- Tremedeira
- Sensação de sufocamento
- Dor no peito ou desconforto
- Náusea ou dores abdominais
- Sensação de tontura, desequilíbrio, atordoamento ou desmaio
- Sensação de dormência ou formigamento

- Sentimentos de irrealidade ou desligamento
- Medo de perder o controle ou enlouquecer
- Medo de morrer
- Ondas de calor ou calafrios

Embora os tópicos acima sejam sintomas clássicos de um ataque de pânico, você também pode ter passado por outros sintomas de ansiedade como boca seca, mãos frias ou úmidas, sentir que há uma banda tocando na sua cabeça ou bloqueio dos pensamentos. Considere por um momento o que seus próprios sintomas de pânico ou ansiedade são e se eles se encaixam ou não nos critérios de ataque de pânico. Para nós, que já experimentamos um ataque de pânico completo, é um evento aterrorizante. Este geralmente nos leva a sentir uma sensação incrível de perda de controle, o que nos atemoriza muito mais e nos leva a temer outro episódio como esse. Passamos a temer esse sentimento por causa do desconforto intenso que ele causa, e tentamos fazer todo o possível para evitar nos sentirmos assim novamente.

No início da minha carreira, quando passava por ataques de pânico relacionados com o discurso em público, eu me desesperava e não sabia para onde ir. Tinha vergonha de contar para as pessoas sobre isso e assim sofria em silêncio. Felizmente, participei de uma conferência sobre distúrbios da ansiedade na época, e prestei muita atenção à discussão sobre Fobia Social. O que mais me ajudou na época foi ter ouvido sobre um medicamento comumente usado para pessoas com ansiedade de performance, que ajuda a bloquear o surto de reações bioquímicas que levam a um ataque de pânico. O medicamento é conhecido como Inderal, um tipo de betabloqueador geralmente usado para tratar pacientes com problemas cardíacos.

Assim que cheguei em casa, liguei para minha médica para marcar uma consulta e discutir meu desejo em tentar Inderal, e ela concordou que o mesmo poderia me ajudar. Na época, ele me parecia um salva-vidas porque estava tendo sintomas de pânico regularmente, uma vez que me apresentava em uma conferência semanal dos casos em que participava. Usei o Inderal como o recomendado e ele me ajudou a reduzir a intensidade desses sintomas, para que eu não sentisse uma terrível perda de controle sobre meus sintomas físicos. Os piores sintomas que eu tinha na época eram palpitações, falta de ar, tremedeira e ondas de calor. Eu estava especialmente autoconsciente sobre meu rubor, pois este era um sinal bem visível da minha ansiedade e constrangimento.

Embora o Inderal tenha ajudado a manter meus sintomas físicos sob controle, eu ainda continuava bastante ansiosa, e fiquei um tanto decepcionada porque ele não fez muito para eliminar o medo. Eu sabia que tinha de fazer mais para lidar com esse problema, sendo assim, comecei a ler sobre Fobia Social e ansiedade de performance. A leitura me ajudou a entender mais sobre como o medo, espiralmente, se transforma em pânico, e os meios para começar a controlar esse processo. Eu fiquei bastante entusiasmada e muito aliviada em aprender sobre outros meios, além da medicação, que poderiam me ajudar a controlar esses sintomas.

Antes de sair do tópico da medicação, quero enfatizar que, se você considerá-la como uma opção, é essencial discuti-la com seu médico, verificando se a mesma é apropriada para você. Se você tiver níveis altos de ansiedade, além das situações específicas de performance, talvez queira conversar com seu médico sobre outras medicações que possam ser mais apropriadas. Existem também produtos herbáceos que ajudaram algumas pessoas a reduzir sua ansiedade. Antes de tomar qualquer medicamento ou produto herbáceo, consulte sempre seu médico. É importante ainda não combinar certos medicamentos e produtos herbáceos.

A Espiral do Medo

Gostaria agora de compartilhar com você um entendimento sobre como o medo espiralmente se transforma em pânico e as coisas específicas que você pode fazer para administrar seu medo e ter mais controle.

Por vários motivos, tornamo-nos mais sensíveis ao nosso medo de nos apresentarmos na frente de outras pessoas. Talvez tenhamos tido uma experiência ruim, e as associações em nosso sistema nervoso àquela experiência ruim condicionou uma resposta de medo intenso. Ou talvez tenhamos tido outras questões atemorizantes que fizeram com que nos sentíssemos expostos e vulneráveis na frente de outras pessoas, ameaçados e temerosos sempre que nos encontramos em situações que pedem mais visibilidade.

Deixaremos a exploração da origem do nosso medo profundo para o capítulo 9. Por ora, é mais importante reconhecer que somos super sensíveis ao medo nessa área de nossas vidas. Por causa dessa sensibilidade, sempre que temos sentimentos temerosos em qualquer circunstância relacionada com discurso ou atuação em público, temos a tendência de responder excessivamente e experimentar uma ameaça profunda relacionada a esse sentimento de medo, o qual, na sua essência, cria um círculo vicioso de temer o medo em si. Uma vez que esse modelo de resposta é acondicionado em nosso sistema nervoso, nossa resposta é registrada e automaticamente se repete, continuamente. Esse medo repetido continua a se reforçar e geralmente aumenta o sentimento de perda de controle que experimentamos com o passar do tempo.

Como mencionamos anteriormente, para as pessoas com níveis de ansiedade entre baixos e moderados para falar ou atuar em público, a tendência de seus medos é, com o passar do tempo, diminuir com a prática e a repetição. Para aquelas com níveis fóbicos de medo, a tendência de seus medos é permanecer estável ou aumentar com o tempo, e elas parecem não se beneficiar com a prática e repetição. Isso parece estar relacionado aos sentimentos traumáticos associados à perda de controle que a pessoa experimenta, o que continua sendo reforçado cada vez que ela se encontra em uma situação onde precisa falar ou atuar em público. Isso era exatamente o que acontecia comigo quando estava trabalhando em um hospital local e, por vários anos, participando de conferências de casos. Fiquei impressionada em ver como meu medo aumentava com o passar dos anos, apesar da natureza previsível e repetitiva de minhas apresentações. Meu medo e ansiedade não se dessensibilizaram por conta própria. Foi preciso um esforço consciente e persistente da minha parte para dessensibilizar meus sentimentos temerosos e ansiosos

A maioria das pessoas que têm esse nível de medo passou a odiar esses sentimentos temerosos e se apavora ao experimentar o medo relacionado ao discurso ou atuação em público. Assim que ouvimos dizer que teremos que falar ou atuar na frente de outras pessoas, imediatamente começamos a ficar tensos e retesados, nos preparando para o início do medo. Procuramos meios para fugir do medo, através de tentativas de escapar das situações de discurso ou atuação em público, ou através de tentativas de esquivar-se de nosso próprio medo, empurrando-o para longe. Ou em vez disso, tentamos lutar com nosso medo, tentando resistir ou nos recusando a ceder a ele. Nenhuma dessas estratégias realmente funciona como uma solução de longo prazo, e nossos sentimentos de impotência e desamparo com esse problema geralmente acabam ganhando.

À medida que sentimos esse desamparo e perda de controle sobre nós mesmos e nosso problema, começamos a ter pensamentos amedrontadores e imagens do que provavelmente acontecerá conosco quando estivermos sob os holofotes para que todos vejam. Vemo-nos perdendo a linha de pensamento e incapazes de raciocinar direito; tremendo e gaguejando; com falta de ar; parecendo um idiota total; perdendo toda nossa credibilidade, dignidade e respeito; vendo os outros rirem da gente e acabando em uma trapalhada vergonhosa e deplorável. Uau! Não é à toa que ficamos aterrorizados. Criamos previsões turbulentas em nossas cabeças que parecem reais na hora e nos levam a acreditar que esse é o nosso destino. Embora muitas pessoas com esse medo admitam que elas realmente não acreditam que as coisas acabariam sendo tão catastróficas, elas têm uma tendência a se conectar emocionalmente com esses pensamentos e imagens de maneira a parecer real. Esses pensamentos, imagens e previsões amedrontadoras criam mais terror, pois nos sentimos cada vez mais encurralados e desamparados em situações onde temos de ficar frente a frente com outras pessoas. Esses pensamentos, imagens e previsões aterrorizantes, sejam eles totalmente conscientes ou mais subconscientes, são extremamente intensos e podem quase que instantaneamente catapultar nosso medo em pânico total.

Embora possamos não ser capazes de ganhar controle imediato sobre nosso sentimento inicial de medo, podemos conseguir novamente de modo mais eficaz a sensação de controle ao sabermos como pensamos e respondemos aos nossos sentimentos temerosos. Ao conversar com pessoas que têm níveis normais de medo de falar ou atuar em público, fica claro que elas não temem o seu medo. Em vez disso, elas o veem como uma parte normal e esperada de falar ou atuar em público e, assim sendo, não lutam contra ele ou tentam fugir dele. Elas aceitam-no e muitas vezes tentam usá-lo para realçar suas apresentações ou performances, canalizando-o em energia dinâmica e entusiasmo. Se essas pessoas criassem todos os pensamentos, imagens e previsões assustadores que criamos, e se elas realmente acreditassem que o pior está para acontecer, eu imagino que elas também criariam sentimentos de pânico e começariam o mesmo círculo vicioso pelo qual passamos.

Fazendo as Pazes com Nosso Medo
Uma das primeiras estratégias-chave que precisamos desenvolver é mudar nosso relacionamento com nosso medo. Precisamos parar de odiar nosso medo e de nos sentirmos aterrorizados com esse sentimento. Precisamos começar a dizer coisas diferentes quando o medo surge. Em vez de dizer: "Ah, não, lá vem ele outra vez. Não suporto esse sentimento. E se eu não conseguir escapar des-

sa e as pessoas virem que pessoa nervosa e ansiosa eu realmente sou?", precisamos consciente e deliberadamente começar a criar novas respostas para nosso medo. Precisamos dizer coisas que criarão mais sentimentos de segurança e aceitação, e confirmarão nossa habilidade em tolerar esse sentimento desconfortável.

A seguir, temos alguns exemplos de maneiras como podemos falar para nós mesmos e criar sentimentos de segurança e conforto:

- Eu sei que este é um sentimento desconfortável, mas tudo bem sentir-se assim.
- Não é o melhor sentimento do mundo, mas realmente não é o pior.
- Quanto mais eu conseguir aceitar esse sentimento quando ele acontece, mais aprenderei como administrar meu medo e fazer coisas específicas para reduzi-lo.
- Eu vou ficar bem, não importa o que aconteça.
- O medo não vai me matar; é simplesmente um sentimento desconfortável.
- O sentimento virá e irá embora de tempos em tempos, e eu consigo lidar com ele.

Imagine tudo isso como se estivesse surfando. Se você resistir à onda e se debater, tentando lutar com ela ou freneticamente tentar escapar dela, você entrará em pânico e perderá a confiança e energia no processo. Em vez disso, imagine-se relaxando na onda, e não resistindo a ela, até mesmo recebendo-a quando ela vem em sua direção, e surfando nela até que ela naturalmente se dissipe. Talvez você queira se imaginar flutuando de costas, folgado e relaxado, pouco acima da onda enquanto surfa. Quanto mais entramos em pânico e tentamos resistir ao que está acontecendo, seja com a onda ou com nosso medo, mais poder ela/ele terá sobre nós. Nossos sentimentos de pânico e desamparo diante de nosso medo nos levarão a perder o contato com nossas capacidades e a habilidade de lidar com os desafios que nos confrontam.

Para a maioria das pessoas, não é uma tarefa fácil aceitar o medo. Nossos instintos de sobrevivência nos guiam para tentar lutar contra ou escapar de sentimentos desconfortáveis e dolorosos. Temos de tentar não seguir essas tendências porque elas nos fazem interpretar a situação como se fosse um caso em que nossa sobrevivência está em jogo. Nesse caso, é a nossa sobrevivência psicológica mais do que a sobrevivência física. Quando acreditamos que isso é uma questão de sobrevivência, nosso senso de ameaça se acelera rapidamente e automaticamente dispara um mecanismo de sobrevivência dentro de nós chamado de *resposta para lutar ou fugir*, o qual nos prepara para lutar contra o perigo ou fugir dele. Discutiremos mais sobre essa resposta no capítulo 8, mas por ora é importante saber que, quando essa resposta entra em ação, ela dispara uma série de reações bioquímicas que inflamam nossa resposta inicial de medo em sentimentos de pânico. Se, em vez disso, dessensibilizarmos nossa resposta inicial e conseguirmos tolerar o desconforto de nosso medo, nossa mente perceberá que este não é uma ameaça à nossa sobrevivência, e nossa resposta para lutar ou fugir não será disparada da mesma maneira. Isso nos leva a diminuir nossas reações físicas ao nosso medo. Começa-se, então, um ciclo positivo, pois não temos mais que lutar com uma resposta física imponente ao nosso medo, e não precisamos mais sentir a perda de controle sobre nós mesmos.

Criando um Lugar Seguro

À medida que passamos a aceitar nossos sentimentos temerosos e o desconforto que eles nos trazem, é importante que observemos nosso foco de atenção enquanto surfamos a onda do medo. É claro que se focarmos em pensamentos amedrontadores e imagens onde perdemos o controle, de outras pessoas rindo de nós ou se sentindo o maior idiota que já existiu, vamos nos sentir como se estivéssemos em direção ao recuo das ondas. Em vez disso, precisamos consciente e deliberadamente mudar nosso foco para pensamentos agradáveis e imagens que nos ajudem a criar um lugar seguro. A seguir, algumas das coisas nas quais você poderá focar para se sentir mais seguro em qualquer momento.

- Visualize-se brincando com seu filho ou animal de estimação.
- Imagine-se junto à sua pessoa favorita fazendo sua coisa favorita.
- Imagine-se dando e recebendo amor da pessoa especial em sua vida.
- Visualize-se em um cenário maravilhoso e sereno, sentindo-se perfeitamente calmo e em paz, um lugar onde você se sinta o mais seguro que já esteve em sua vida.
- Imagine a vida além dos eventos de discurso e atuação em público, mais tarde naquele dia, no dia seguinte, na semana seguinte, no mês seguinte, no ano seguinte, até mesmo nos próximos dez anos. Veja que você sobreviveu a este evento, que a vida segue em frente como sempre, e que, com o tempo, o evento se apagará da memória e se tornará menos e menos significante em sua vida. Isso ajuda a ganhar novamente a perspectiva que você facilmente perde quando está amedrontado.

Eu gostaria agora que você tirasse alguns minutos para vivamente imaginar cada um desses cenários, um por vez. Feche os olhos e use todos os seus sentidos para criar uma experiência bem clara em sua mente, como se você estivesse bem ali, na situação real, naquele momento. Se você estiver tendo dificuldades em visualmente imaginar cada um destes, concentre-se na conexão com a experiência usando os sentidos que funcionam melhor para você.

Agora escolha a imagem que lhe faz se sentir mais seguro. Crie novamente uma imagem vívida de você nesse cenário e fixe firmemente o sentimento de paz e segurança ao usar um gesto sutil, um que normalmente você não usa, como por exemplo, tocar firmemente o dedão e o terceiro dedo em ambas as mãos. Continue se fixando no gesto, imaginando vividamente seu lugar seguro, passando-o em sua mente umas 10 vezes inicialmente. A ideia aqui é que se você continuar reforçando a associação do gesto, como, neste caso, o gesto das mãos, e o sentimento de calma e segurança, então mais tarde você conseguirá usar essa imagem apenas para criar um sentimento de calma e segurança através da associação com a visualização original. Para que essa ação possa ser assimilada, ela precisa ser repetida várias vezes, portanto, continue visualizando e imaginando o sentimento até perceber que o gesto em si traz à tona sentimentos de paz e segurança.

Outra parte na criação de conforto e autorreafirmação é mudar o seu foco de pensamentos amedrontadores para pensamentos que possam construir sentimentos de confiança e segurança em você mesmo e na sua plateia. Muitas vezes estamos no piloto automático, tendo pensamentos como: "Como é que eu vou me sair nessa? E se eles virem como eu estou nervoso? Vão pensar que sou estúpido. E se eu não conseguir lembrar o que vou dizer e me der um branco? E se eu não conseguir ter um bom desempenho? Vou perder todo o respeito e credibilidade. Vou parecer tão idiota...", e daí em diante. Uau! Realmente não somos piedosos conosco mesmos! Isso é suficiente para assustar até mesmo as pessoas mais confiantes. Precisamos parar a tortura mental de nossos pensamentos e imagens aterrorizantes se quisermos superar esse medo. Não se espera que uma pessoa que abusa de si mesma mental e verbalmente consiga construir confiança e segurança ao mesmo tempo. Da mesma maneira que trabalhamos para mudar nossas imagens mentalmente, também precisamos mudar o que dizemos a nós mesmos. Assim sendo, em vez de pensamentos que nos aterrorizam, precisamos ter pensamentos mais afirmativos, como:

- Eu tenho o direito de ser quem eu sou e de me expressar na frente de outras pessoas.
- Eu posso ser quem sou e isso basta. Não preciso ser perfeito.
- Tudo bem se sou uma pessoa ansiosa. Ainda posso falar ou atuar em público mesmo quando estou ansioso.
- Tudo bem se eu cometer um erro ou esquecer alguma coisa. Isso às vezes acontece quando as pessoas falam ou atuam em público, e eu vou simplesmente fazer o melhor possível para me lembrar e seguir em frente.
- Eu consigo lidar com essa situação! Já lidei com muitos desafios na minha vida e sempre consegui me sair bem. Também vou conseguir lidar com essa! Vou ficar bem, aconteça o que acontecer.

A qualidade da conversa interna que temos é um ingrediente essencial na nossa habilidade de superar nosso medo. Falarei sobre esse tópico novamente em outras seções do livro, pois este é o fundamento básico sobre o qual desenvolvemos maior confiança em nós mesmos e em nossa plateia. Temos que adotar uma forma de pensar e falar conosco mais compassiva e afirmativa. Este é um ingrediente importante para mudar a percepção que temos de nós mesmos e de nossa plateia em relação ao discurso ou atuação em público. Talvez não seja fácil acreditar nesses pensamentos e imagens imediatamente, isto porque os pensamentos e imagens aterrorizantes foram muito reforçados com o passar dos anos. Inicialmente, talvez você tenha de *agir como se* acreditasse em pensamentos e imagens mais positivas e operar como se eles fossem verdadeiros. Nossa transformação geralmente começa com um ato de fé, em ver o que é possível e abraçar métodos que foram úteis para outras pessoas, confiando que esses mesmos métodos podem funcionar para nós também.

Antes de seguirmos adiante para outras técnicas, gostaria que você escrevesse em seu diário cinco coisas que poderá dizer a si mesmo para afirmar sua habilidade em lidar com uma situação de discurso ou atuação em público e para confiar mais em si mesmo. Talvez você queira usar os exemplos nessa seção para ter algumas ideias. Escreva declarações que tenham significado positivo para você. Escreva-as em uma folha de papel separada de seu diário e adicione-as à lista à medida que progride. O ideal seria revê-la todos os dias para poder começar a recondicionar seu modo de pensar sobre si mesmo nas situações de discurso ou atuação em público. Mais exatamente, certifique-se de revisá-la várias vezes antes de qualquer situação de discurso ou atuação em público. Quando estiver revisando essa lista, diga as palavras em voz alta, com emoção e energia positiva em seu corpo. Isso ajudará a reforçar mais rapidamente uma nova associação em sua mente e condicionar uma nova resposta.

Assentando-se
Outra maneira de reduzir o medo é tirar sua atenção da intensidade de seu desconforto interno e focar nas pessoas e coisas em seu ambiente próximo. Tirar a atenção de você mesmo irá ajudá-lo a se assentar no mundo real e quebrará o ciclo crescente de pensamentos e imagens aterrorizantes quando eles surgirem. Com esse método, você simplesmente passa a observar os objetos concretos na sala e a descrevê-los em detalhes para si mesmo. Por exemplo, olhe para um objeto por vez e diga a si mesmo: "Há um quadro na parede. Parece ser uma pintura do estilo impressionista. Há duas crianças brincando e a imagem de fundo é um lago e uma casa à distância. Há um tapete no chão. É um tapete pequeno com um modelo interessante de diamantes e quadrados. Ele tem quatro cores diferentes, sendo que a principal é o verde esmeralda. Lá está a Karen. Ela está usando um vestido bonito. Ele tem cinco botões na frente e é azul royal." Você entendeu. Continue observando a

sala e detalhando apenas as coisas concretas. Não comece a pensar sobre o que a Karen vai pensar de você se ela perceber como você está nervoso! Mantenha-se apenas com o que é neutro e observável. Você começará a notar uma queda no seu nível de medo quando, deliberadamente, mudar o foco da preocupação com seu medo imaginário e sua angústia interna e começar a prestar atenção em coisas que são concretas e emocionalmente neutras.

Isso não irá apenas ajudá-lo a se assentar no mundo real, mas também ocupará sua mente, dificultando a entrada de pensamentos e imagens aterrorizantes. Achei essa técnica bastante útil quando meu nível de medo estava muito alto, por exemplo, oito ou mais em uma escala de zero a dez, sendo que dez significa pânico total. É difícil criar pensamentos e imagens afirmativos que construam confiança quando seu medo está crescendo. Esta técnica ajuda a trazer o medo para um nível mais administrável para que você possa começar a usar, eficazmente, o método de criar pensamentos e imagens positivos e afirmativos em sua mente.

Os Benefícios da Respiração Profunda

Outro método para usar logo no início é a respiração profunda. Veremos outros métodos de relaxamento mais adiante, mas este é um método bastante básico e funciona eficazmente para a maioria das pessoas. Quando estamos em um estado de medo e angústia, nossa respiração automaticamente se torna mais superficial e rápida como parte da resposta para lutar ou fugir, isto porque nossas mentes estão percebendo que estamos em perigo e precisamos nos preparar. A respiração assim começa uma reação em cadeia de respostas físicas conforme seu corpo se prepara para o perigo, o qual prepara o caminho para um ataque de pânico resultante do sentimento de perda de controle no seu corpo. Em vez disso, o que podemos fazer para nos ajudar é consciente e deliberadamente fazer exercícios respiratórios para suprimir nossa resposta física automática.

A respiração profunda tem vários benefícios porque ela começa um circuito de *feedback* positivo em seu corpo, enviando a mensagem para o corpo de que não estamos em perigo e não há necessidade de uma reação de alarme. Ela também nos proporciona um foco positivo de atenção, e este nos leva a focar em algo que podemos controlar, parando, assim, o ciclo crescente de medo.

Descreverei dois métodos de respiração profunda, e gostaria que vocês tirassem alguns minutos para experimentar ambos e ver qual funciona melhor para você. Em seguida, sugiro que você o pratique de uma a três vezes por dia para se familiarizar com ele e conseguir usá-lo mais prontamente quando realmente precisar. Eu pratico a respiração profunda diariamente, tanto para fins de relaxamento quanto para benefícios de saúde. A respiração profunda não apenas relaxa o corpo como também oxigena as células. Por tê-la praticado com tanta frequência, ela se tornou natural para mim e é muito mais fácil usá-la quando um evento de discurso se aproxima. Ela é também bastante útil quando estou em meu carro, me dirigindo para o evento ou enquanto espero para entrar em cena.

Respiração Profunda: Método Um

Deite-se em um local silencioso e confortável ou sente-se confortavelmente em uma cadeira. Use roupas leves e confortáveis. Feche os olhos e mude o foco de seus pensamentos. Agora gentil e gradualmente respire fundo, inalando o ar pelas narinas e permitindo que este gentilmente expanda seu diafragma e pulmões. Conforme você fizer isso, sua barriga irá naturalmente se expandir. Coloque as mãos na barriga para sentir essa expansão, seguida pela contração quando você lenta e gentilmente solta o ar pela boca ou pelas narinas, o que for melhor para você. Repita este exercício de cinco a dez vezes, começando a contar cada vez que respirar e soltar o ar. Conte até quatro quando estiver inalando, segure a respiração e conte até dois e, lentamente, solte o ar contando até oito. Recomendamos que a exalação seja duas vezes mais longa do que a inalação.

Você pode mudar a contagem para que melhor se adéque a você, pois não existem números mágicos para usar. Também pratique a respiração profunda com seus olhos abertos, focando sua atenção em algum objeto na sala. A maioria das pessoas fica imediatamente relaxada quando pratica a respiração profunda. Se você sentir tonturas ou atordoamento, pare o exercício até passar a sensação, e continue novamente em um ritmo mais lento, não respirando tão profundamente. Permita a si mesmo alguns minutos de respiração normal antes de se levantar, caso contrário poderá sentir tonturas ou atordoamento.

Embora a maioria das pessoas não tenha problemas com este exercício, consulte seu médico se continuar tendo sintomas de tontura ou atordoamento. Algumas pessoas encontram dificuldades em respirar fundo porque estão acostumadas a respirar de maneira mais contraída e superficial. Com a prática, você verá o progresso ao respirar profundamente sem muito esforço.

Respiração Profunda: Método Dois
Crie as mesmas condições relaxantes para este exercício. Deite-se, ou sente-se, em um local silencioso e confortável. Use roupas leves e confortáveis para permitir a expansão de sua respiração. Feche os olhos e coloque as mãos na barriga. Desta vez, comece focando em expandir seu abdômen o máximo possível. Conforme faz isso, perceberá que você automaticamente está respirando fundo. Segure a respiração por alguns segundos, contraia a barriga e perceberá que isso automaticamente fará com que você solte a respiração. Expire através de lábios semicerrados ou das narinas, o que for melhor para você. Inicialmente, pratique com os olhos fechados, e depois com os olhos bem abertos para se familiarizar com os dois métodos de respiração profunda.

Qual método funciona melhor para você? Talvez você prefira um método específico, queira tentar ambos um pouco mais ou alternar entre eles. Qualquer que seja sua escolha, tudo bem, contanto que você pratique, pratique, pratique! Não posso dizer quantas pessoas me disseram que a prática da respiração profunda as tem ajudado a reduzir suas ansiedades e faz com que elas se sintam mais seguras. Talvez você queira praticar a respiração profunda com uma música lenta e relaxante para entrar no ritmo. Poderá usar essa técnica todas as vezes que se sentir ansioso. Quando estiver sozinho, faça este exercício de maneira a escutar sua inalação e exalação. Quando na presença de outras pessoas, faça o exercício silenciosamente e ninguém saberá!

RESUMO

- A maioria das pessoas que têm um medo intenso de falar ou atuar em público já experimentou o sentimento aterrorizante de um ataque de pânico. Isso leva ao sentimento profundo de perda de controle e o medo apavorante de outro episódio de pânico. O medo de outro episódio de pânico leva a um ciclo de comportamento de fuga, na esperança de poder escapar do pânico.

- Inderal, um tipo de betabloqueador usado para pacientes cardíacos, é uma medicação comumente usada para pessoas com sintomas de pânico associados com o medo de palco. A medicação bloqueia o aumento repentino de reações bioquímicas associadas com a *resposta para lutar ou fugir*. O medicamento não elimina todos os sintomas do medo e, se usado, deve sempre ser acompanhado de outros métodos para reduzir ou superar o medo. Existem também produtos herbáceos que ajudam a reduzir os sintomas de ansiedade. Consulte seu médico se quiser considerar o uso de medicamentos ou produtos herbáceos para ajudá-lo a reduzir a intensidade de seus sintomas físicos.

- As pessoas com um nível fóbico de medo de falar ou atuar em público tornam-se extremamente sensíveis às suas próprias respostas ao medo, e acabam se vendo em um círculo vicioso de temer o medo em si. A tendência do medo é permanecer estável ou aumentar com o passar do tempo, e geralmente não há benefícios com a prática e repetição, como funciona para os outros com medo de palco mais moderado.

- As pessoas com um nível fóbico de medo geralmente passam a odiar esse medo e tentam resistir a ele ou evitá-lo a qualquer custo. Esse processo cria sentimentos mais profundos de desamparo quando o medo surge, e também dá mais poder ao medo. As pessoas com esse medo também têm uma tendência a criar pensamentos, imagens e previsões bastante assustadoras sobre o que acontecerá a elas quando estiverem sob os holofotes. Isso alimenta ainda mais o medo e o pânico.

- Precisamos mudar nosso relacionamento com o medo e dar-lhe um novo significado. Em vez de nos dizermos coisas que criam sentimentos de terror e desamparo, precisamos começar a dizer coisas que criam pensamentos e imagens de segurança e aceitação de nossos sentimentos temerosos. Precisamos sair da onda do medo, em vez de lutar contra ou correr dela.

- Quando somos profundamente ameaçados pelo nosso medo, a resposta para lutar ou fugir é automaticamente acionada ao percebermos que isso é uma questão de sobrevivência. Quando passamos a aceitar nosso medo e não tentamos mais fugir ou resistir a ele, nossas mentes percebem que ele não é uma ameaça à nossa sobrevivência e a resposta para lutar ou fugir não é acionada. Nossas reações físicas ao medo diminuem, começando assim um ciclo positivo de recuperação do controle.

- Devemos consciente e deliberadamente desviar nossa atenção de pensamentos e imagens aterrorizantes para pensamentos e imagens que criam sentimentos de conforto e segurança.

- A qualidade de nossa conversa interna é um ingrediente essencial em nossa habilidade de superar nosso medo. Precisamos adotar uma maneira mais positiva e compassiva de pensarmos e conversarmos sobre nós mesmos para desenvolver a autoconfiança. Inicialmente, talvez a gente tenha de *agir como se* acreditássemos em nós mesmos e fazer um ato de fé para ver o que é possível.

- Quando temos níveis muito altos de medo, podemos usar um exercício de assentamento, o qual consiste em focar em objetos reais na sala, em vez de focar nos medos imaginários. Este foco compete com as imagens e pensamentos aterrorizantes em nossa mente para que não consigamos alimentar mais o nosso medo.

- A respiração profunda é uma técnica muito importante para acalmar seu sistema nervoso. Ela envia para seu corpo uma mensagem de que você não está em perigo e ele não precisa de uma resposta para lutar ou fugir, protegendo-o do perigo. Ela dá início a um ciclo positivo para acalmar sua mente e corpo.

ETAPAS PARA AÇÃO

- Comece a sua lista de Estratégias e acrescente as diferentes estratégias que aprender após ler cada capítulo. Revise essas estratégias até que elas se tornem familiares e, em seguida, revise-as periodicamente para refrescar sua memória. Uma ou duas semanas antes do evento, revise-as diariamente.

- Trabalhe para desenvolver uma atitude de aceitação dos seus sentimentos temerosos. Considere o que você hoje diz a si mesmo e o que você imagina que esteja alimentando seu medo. Comece a considerar em quais outros pensamentos e imagens focar para criar sentimentos de segurança, conforto e aceitação de seus sentimentos. Feche os olhos e se imagine flutuando acima de seus sentimentos temerosos, surfando sobre eles sem medo ou contenda.

- Pratique visualizar uma imagem de seu lugar seguro e use seu gesto sutil (mencionado anteriormente) para reforçar a associação. Faça isso diariamente por dez dias. Tente sentir-se calmo e seguro usando apenas o gesto. Continue reforçando a conexão entre o sentimento de segurança e seu gesto.

- Pratique o exercício de respiração profunda de duas a três vezes por dia, em um ciclo de cinco a dez respirações pelos próximos dez dias. Depois disso, continue praticando a respiração pelo menos uma vez por dia para que ela passe a ser natural para você.

- Recomendo que você coloque em prática essas estratégias dentro de uma ou duas semanas, programando um discurso na frente de outras pessoas, focando nos métodos que você acabou de aprender. Talvez haja uma situação no trabalho ou em outro lugar onde você poderá aplicar imediatamente o que aprendeu. Mesmo se houver uma situação já pronta na qual praticar essas estratégias, eu o encorajo a criar uma situação com pessoas em quem você confia, em busca de mais prática e apoio. Por exemplo, peça a alguns membros da família ou amigos para que se reúnam, dizendo a eles que você precisa de um fórum para praticar suas novas habilidades. Tenha pelo menos duas pessoas presentes e faça uma apresentação na frente delas. Seu foco está na prática das estratégias que acabou de aprender, não em um discurso ou apresentação impecável.

Observe seu nível de medo e ansiedade antes e durante seu discurso ou atuação, e como o uso das estratégias reduz seu nível de medo. Se estiver falando ou atuando na frente de amigos ou familiares, diga a eles qual é o seu propósito e peça-lhes para que não façam nenhum *feedback* crítico que poderia ajudá-lo a melhorar sua fala ou atuação. Peça-lhes que, por ora, façam apenas críticas positivas. Diga-lhes que esse *feedback* precisa ser verdadeiro e não apenas para elevar sua confiança. Deixe que eles saibam que é muito importante que eles sejam compassivos e que lhe permitam tempo para dominar essas estratégias. Uma boa ideia é gravar em vídeo todas as vezes que você faz um exercício de discurso ou atuação em público, e rever esses vídeos com uma atitude compassiva, não crítica. A maioria das pessoas sente-se aliviada ao ver que elas nunca parecem tão nervosas quanto se sentem. Se você não tiver acesso a uma câmera de vídeo, grave sua voz para poder ouvir como você soa, percebendo que ainda assim consegue falar ou atuar, apesar de seu medo. Lembre-se, você precisa sempre ser compassivo, e não crítico, quando estiver se assistindo no vídeo, focando apenas no que é reafirmador e que lhe dê mais confiança.

Sob os Holofotes

6

Não É Sobre a Minha Pessoa

O medo de falar e atuar em público nasce do excesso de foco no "eu" e da preocupação interna. Somos consumidos por sentimentos de medo e autoconsciência, e nos preocupamos com o que os outros dirão sobre nós. Preocupamo-nos especialmente com o que os outros pensarão se virem como estamos ansiosos e temerosos. Tememos que os outros não nos deem crédito, que percam o respeito pela gente e que pensem que há algo de errado conosco.

Quanto mais consumidos ficamos, maior a distância psicológica que criamos entre nós e nossa plateia. Perdemos o sentido de conexão com os outros quando nos internalizamos e nos preocupamos com nosso estado interno de mente e corpo. Quanto mais experimentamos um sentimento de separação, em vez de conexão, mais experimentamos sentimentos de solidão, alienação e de não pertencer. Acabamos tendo o sentimento de que fomos deixados às traças, sem apoio dos outros, o que serve para reforçar ainda mais nosso medo.

Com todo esse foco no "eu" e na preocupação, fazemos com que pareçamos significantes demais, o que leva à distorção real em nossa percepção de nós e da situação que estamos enfrentando. Fazemos com que sejamos muito importantes e depois ficamos aterrorizados com quão importante nos fizemos! Criamos também uma distorção no modo como nos vemos quando nos tornamos extremamente focados em nossos sentimentos de dúvida, medo e vulnerabilidade. Esse foco nos leva a prestar muita atenção em todas as nossas impropriedades e deficiências percebidas. Nesse processo, descontamos nossos verdadeiros pontos fortes e nossa capacidade em lidar com os desafios da vida. Acabamos tendo um tipo infantil de desamparo e impotência, e perdemos o contato com nosso funcionamento adulto mais comum. Lembro-me de muitas vezes me sentir como uma criança por dentro, bastante amedrontada e sozinha, e ainda assim ter de pensar e agir como adulto enquanto os outros me observavam no meu papel de oradora. Este era, sem dúvida, um prospecto amedrontador! Discutiremos meios de se conectar mais com seu funcionamento adulto no próximo capítulo, pois este é crucial para o sentimento de autoconfiança e segurança no seu papel como orador ou ator.

A solução para quebrar esse ciclo de foco negativo no "eu" é tirar o foco de nós mesmos e nos concentrarmos em nossa plateia. Nossa atenção precisa ser direcionada para o que podemos fazer pela nossa plateia, e não como a plateia nos vê. Como orador ou ator, é útil colocar nossa energia em fazer com que a plateia se sinta confortável e bem-vinda, como se fôssemos anfitriões calorosos e os estivéssemos recebendo em nossas casas. Conseguimos fazer isso ao construir conexões com as pessoas em nossa plateia, idealmente antes, durante e depois do nosso discurso ou apresentação. Essas conexões são construídas através da cordialidade e abertura em nosso contato visual, nossa linguagem corporal e nossas palavras. Essas conexões também são construídas quando nos relacionamos com nossa plateia como indivíduos distintos, e não como uma grande massa de pessoas. Quando vemos a plateia como uma massa (ou uma multidão!), temos a tendência de achar que esta é uma situação deles contra nós, e que querem a nossa cabeça. Precisamos humanizar a experiência ao sermos mais verdadeiros e permitirmos que a plateia veja nossa vulnerabilidade como seres humanos, em vez de tentar parecer perfeito. Ironicamente, quanto mais buscamos perfeição, mais nos distanciamos dos outros; quanto mais você permite que as pessoas te vejam como verdadeiro e vulnerável, maior é a aproximação e conexão com sua plateia.

O outro foco principal precisa estar em como podemos contribuir com a nossa plateia e fazer a diferença ao se comunicar ou atuar de maneira a trazer valor à vida das pessoas. É importante não alimentar a dúvida achando que você não tem o suficiente para contribuir. Todos têm algo de valor para oferecer, algo que irá realçar a vida de outras pessoas. Sua contribuição não precisa ser monumental! Você já deve ter ouvido o ditado: "O amor vence todos os medos." Precisamos criar um amor verdadeiro pela nossa plateia para que possamos nos entregar verdadeiramente e melhorar a vida deles. É com a nossa preocupação profunda e carinho pelos outros que perdemos nosso medo, quando colocamos o interesse de outras pessoas acima dos nossos próprios interesses.

Em vez de se preocupar com pensamentos e imagens sobre nosso medo e previsões ruins sobre o que irá nos acontecer, precisamos conservar essa energia preciosa e focarmos em como podemos melhor servir as necessidades e interesses de nossa plateia. Em vez de nos perguntarmos: "Como vou conseguir sair dessa? O que as pessoas pensarão de mim quando virem como estou nervoso?", é importante que façamos perguntas mais inteligentes como: "Como consigo melhor servir as necessidades da minha plateia? O que posso fazer para adicionar mais valor à experiência das pessoas na plateia e fazer a diferença em suas vidas?".

É essencial que estejamos fortemente conectados com nosso "eu" adulto e nossa capacidade adulta de pensar, funcionar e lidar com as responsabilidades e demandas que nos são apresentadas. Precisamos sair dessa mentalidade autocentrada, a qual é característica do pensamento egocêntrico de uma criança, onde ela pensa que é o centro do universo. Em vez disso, precisamos entrar novamente na nossa mentalidade de adulto e nos preocuparmos com a necessidade dos outros. Isso acontece quando focamos no verdadeiro propósito de nosso ser em um evento de discurso ou atuação, o qual é servir aos outros da melhor maneira possível. Nosso propósito não é impressionar as pessoas e mostrar-lhes como somos bons. Elas realmente não se importam com isso. Elas estão preocupadas com suas próprias necessidades e em obter algo de valor que possam levar com elas. Não somos tão importantes a ponto de as pessoas pensarem e falarem sobre nós continuamente, não importando se fizemos um bom trabalho ou não! Somos apenas tão importantes para as pessoas em nossa plateia em relação a como suprimos suas necessidades. Lembre-se, não é sobre a sua pessoa! É, sim, sobre o que você pode fazer pelos outros.

Os princípios que descrevi fizeram uma diferença enorme em minha vida. Passei a entender e integrar esses princípios ao meu pensamento nos últimos anos. Como resultado, experimentei uma queda dramática no meu nível de medo. O uso desses princípios me assentou mais no meu "eu" adulto e me levou a superar minha falta de autoconfiança e preocupação com o meu desempenho. Consegui superar minhas preocupações comigo mesma e a focar mais em meu propósito e missão como oradora, os quais são contribuir com a vida de outras pessoas. No processo, eu me vi menos interessada em mim mesma e mais amável e carinhosa em relação aos outros. Eu agora aguardo ansiosamente me conectar com minha plateia, o que me faz não mais temê-la. Eu recomendo que você siga esses princípios e continue a integrá-los na sua maneira de pensar sobre si como orador ou ator. Estou confiante de que essa mudança na percepção de si e dos outros fará uma diferença incrível na sua experiência com o discurso ou atuação em público.

RESUMO

- Focar no "eu" e se preocupar com nossa aflição interna aumenta nosso medo, criando uma distância psicológica das outras pessoas, fazendo com que nos sintamos sozinhos e sem conexão ou apoio.

- Precisamos mudar nosso "foco para os outros" e criar uma conexão com nossa plateia, se importando mais com ela do que com nosso próprio autointeresse.

- Precisamos mudar nosso foco de como seremos vistos pela nossa plateia para como podemos melhor servir as necessidades e interesses dela.

- Precisamos nos fixar em nossa maneira adulta de pensar e funcionar, e se conectar com nossos pontos fortes e capacidade, em vez de ficarmos em um estado infantil de desamparo.

- Nosso foco principal precisa estar em como podemos contribuir e fazer a diferença na vida das pessoas.

ETAPAS PARA AÇÃO

- Feche os olhos e se imagine acatando por completo esses princípios à medida que antecipa sua próxima situação de discurso ou atuação em público, seja esta uma apresentação, atuação formal ou uma reunião informal ou ensaio.

- Vá mais além e se imagine na situação de discurso ou atuação em público, totalmente engajado no seu propósito de criar valor e contribuir para a vida de outras pessoas. Como você olha para os outros agora é insignificante. Em resumo, você relaxa quando se concentra no seu propósito maior e sua missão que vem do seu amor e carinho pela sua plateia. Seu único foco é em como você pode melhor servir sua plateia e fazer diferença na vida deles.

- Aplique esses princípios em uma situação verdadeira de discurso ou atuação em público. Mesmo que você tenha uma situação nos próximos dias, primeiramente pratique com seus amigos e familiares em busca de apoio. Concentre-se em oferecer a eles algumas informações ou entretenimento que eles acharão interessante ou divertido. Escolha algo que você queira compartilhar que será significante para você e para eles. Faça deste um exercício breve, de aproximadamente cinco minutos. Observe quaisquer diferenças que você sinta no seu nível de medo e ansiedade antes e durante sua fala ou atuação, e como você se sente ao terminá-la. Observe como você conseguiu manter seu foco em criar valor para os outros, e não em como você se apresentou. Continue praticando esses princípios em outras situações de discurso ou atuação em público e observe como seu medo e constrangimento diminuem com o tempo.

Sob os Holofotes

7

Desenvolvendo Crenças e Conversas Internas que nos Amparam

As pessoas que sofrem com o medo intenso de falar ou atuar em público têm crenças negativas sobre elas mesmas e sobre a plateia, as quais quase nunca são baseadas na realidade objetiva. Essas crenças criam uma série de previsões negativas sobre como achamos que as coisas serão quando estivermos falando ou atuando em público, as quais também não estão baseadas na realidade objetiva. Essas crenças e previsões negativas nascem do nosso medo; e por terem uma carga emocional muito forte, temos a tendência de acreditar nelas. Entretanto, se examinarmos nossas crenças e previsões do ponto de vista racional e lógico, frequentemente conseguiremos dizer que realmente não acreditamos em todas essas coisas horríveis que irão nos acontecer. Embora consigamos dizer isso racionalmente, voltamos a acreditar em nossas previsões pessimistas como se elas fossem verdadeiras.

Nossas crenças e previsões têm a tendência de seguir nossas emoções, em vez de serem baseadas em uma opinião mais racional e voltada para a realidade de nós mesmos e da situação de fala ou atuação em público. Mais uma vez, esse tipo de processo de pensamento é mais característico de uma maneira de pensar infantil. As crianças criam ideias assustadoras em sua imaginação e acreditam nessas ideias porque se sentem amedrontadas. Isso pode ser visto nas imagens clássicas do *monstro no armário* ou do *bicho-papão embaixo da cama*. Criamos esses mesmos monstros em nossa cabeça; e porque sentimos muito medo, concluímos que nossas crenças e previsões aterrorizantes são verdadeiras.

Precisamos ficar cientes de como nosso medo distorce excessivamente nossa percepção de realidade nas situações de fala ou atuação em público. Precisamos começar a identificar e desafiar nossas crenças e previsões negativas. Esse processo nos ajuda a nos basearmos em nosso "eu" adulto, onde estamos mais conectados aos fatos objetivos do que à imaginação infantil. Quando nos conectamos com nossa maneira adulta de pensar, a imagem não é tão amedrontadora. Percebemos que não existe nenhum monstro ou bicho-papão em nossa plateia, e nem mesmo piranhas prontas para nos comer vivos! Conseguimos, assim, fazer uma avaliação mais racional e realista de nós mesmos, de nossa plateia e de nosso propósito em falar ou atuar em público.

Algumas pessoas dizem ter medo de deixar de lado seus pensamentos catastróficos porque sentem que, quando acontecer o pior cenário, sua guarda estará baixa, e elas não estão preparadas para isso. Elas se sentem mais seguras se se prepararem para o pior que possa acontecer. Todos nós temos esses sentimentos. Temos muito medo de sermos pegos de surpresa e perdermos o controle. O problema com esse modo de pensar é que, ao focar no pior cenário, distorcemos grandemente a probabilidade de isso acontecer e das consequências que haveria se isso acontecesse. Se realmente acreditarmos que o pior irá acontecer, podemos gerar tanto medo a esse respeito que as chances de isso acontecer realmente aumentam. Isso é conhecido como uma *profecia autorrealizável*, a ideia de que algo em que realmente acreditamos mais provavelmente se realizará. Por exemplo, se tivermos tanto medo de que iremos perder nossa linha de pensamento durante uma fala ou atuação, podemos ficar tão ansiosos sobre isso que acabaremos perdendo nossa linha de pensamento.

Temos de estar dispostos a enfrentar o pior cenário de maneira mais adulta. Precisamos avaliar a probabilidade realista deste acontecer e as consequências realistas que provavelmente haveria. Aí, então, podemos criar um plano de ação para evitá-lo ou para lidar com ele caso ele ocorra. Por exemplo, podemos estar terrivelmente apavorados de que iremos esquecer tudo em nossa apresentação ou atuação, que iremos parecer idiotas e que todos perderão o respeito por nós e acharão que somos estúpidos. Primeiramente, em vez de lutar contra isso, temos de aceitar o fato de que isso pode realmente acontecer. Embora esta possa ser uma situação desconfortável, acredite, a vida continua e não seremos jogados em uma ilha deserta para enfraquecer e morrer! Mesmo se perdermos o emprego por causa disso, o que é improvável, arrumaríamos outro emprego e não acabaríamos como indigentes sem-teto!

Neste exemplo, se estivermos verdadeiramente pensando do ponto de vista adulto, avaliaríamos que a probabilidade de esquecermos tudo em nossa apresentação ou atuação é muito baixa, a probabilidade de parecermos idiotas também é muito baixa e a probabilidade de todos perderem o respeito por nós e acharmos que somos estúpidos é similarmente muito baixa. Avaliaríamos, também, que a consequência realista de nos esquecermos de todo nosso material em uma apresentação ou atuação seria simplesmente pedir desculpas graciosamente à plateia. Talvez queiramos, mais tarde, explicar o acontecido ao nosso chefe, ou à pessoa que nos contratou para fazer o discurso ou atuação. Tentaríamos aprender com essa experiência e resolver problemas a respeito do que faríamos diferentemente para reduzir as chances de tal situação acontecer novamente. Se tivéssemos criado um plano de ação no início para lidar com o cenário de pior caso, teríamos impedido que este acontecesse. Por exemplo, se tivéssemos de antemão nos preparado e ensaiado bastante, e tivéssemos nossas anotações (mesmo se fossem escritas palavra por palavra, para nos auxiliar se necessário), teríamos tido algo para nos apoiar caso esquecêssemos o que havíamos planejado fazer ou dizer.

Conheço uma pessoa, chamada Victor, que passou por seu pior cenário quando desmaiou enquanto se preparava para falar na frente de um quadro de diretores. Embora este possa ser um pensamento aterrorizante, o que é interessante sobre essa história é que, depois dessa experiência, Victor se levantou, sacudiu a poeira e continuou falando na frente de grupos. Embora tenha se sentido envergonhado pelo que aconteceu, ele não se deixou abater por isso. Victor continua sendo um homem de negócios bem-sucedido e hoje consegue rir do que aconteceu. Ele viu que seu pior pesadelo havia acontecido e que ele havia se saído dessa muito bem. Agora ele tem menos medo porque enfrentou seus demônios e viu que, no final, tudo dava certo. Fico muito feliz por Victor não ter desistido no momento do desespero. Ele é um orador muito talentoso e um líder nato com muito a oferecer aos outros. Ele não usou esse evento para se convencer de que era um fracasso total e que isso provavelmente aconteceria novamente se ele tivesse de falar em público. Em vez disso, ele conseguiu colocar o evento na perspectiva apropriada e aprender com este. Ele o deixou para trás e seguiu em frente.

Estou contando a história do Victor não para amedrontá-lo, mas para lhe reassegurar de que você sobreviverá e ficará bem, mesmo se o pior vier a acontecer, o que *raramente acontece*! Normalmente, dizemos a nós mesmos: "E se isso acontecer? E se aquilo acontecer?". Deixamos essas perguntas no ar, sem respostas. Precisamos avaliar de modo realista a probabilidade de essas coisas realmente acontecerem, e responder as perguntas "*E se*" com uma resposta embasada na realidade, não no medo. Podemos nos fazer perguntas mais oportunas, como "O que posso fazer para reduzir a possibilidade de esse resultado acontecer?". Essa linha de questionamento lhe tira de um estado mental de medo e desamparo infantil para a mentalidade de um adulto capaz, que resolve os problemas. Conforme você muda sua linha de pensamento para ser mais adulto, sua segurança e confiança na sua habilidade de lidar com a situação aumentam. Isso reforça ainda mais as crenças e previsões positivas sobre si mesmo, baseadas na realidade objetiva.

Desafiando os Medos Imaginários
Para melhor entender os meios como negativamente distorcemos a realidade, considere a seguinte lista de *distorções cognitivas*:

- *Pensamento de tudo ou nada:* Você vê as coisas em termos brancos e pretos. Porque busca a perfeição, se vê como um fracasso caso seu desempenho seja menos do que perfeito.

- *Supergeneralização:* Você vê um único detalhe negativo como um padrão infinito de derrota.

- *Filtro mental:* Você pega um único detalhe negativo e o remói exclusivamente, ignorando as ideias ou evidências contrárias.

- *Desqualifica os positivos:* Você rejeita as conquistas positivas ou qualidades que tem a oferecer.

- *Tira conclusões precipitadas:* Você faz interpretações negativas, embora não existam fatos definidos que suportem suas conclusões. Exemplos disso são:

- *Leitura da Mente* – Fazer suposições sobre o que outras pessoas pensam sobre você quando não há evidências para isso.

- *Leitura da Sorte* – Antecipar que as coisas sairão mal e sentir que sua previsão já é um fato estabelecido.

- *Magnificação* (catastrófica): Você exagera a importância das coisas e as faz bem maiores do que são.

- *Raciocínio emocional:* Você presume que seus sentimentos negativos refletem o modo como as coisas realmente são, levando-o a acreditar que "porque eu estou sentindo, deve ser verdade".

- *Pensamento absoluto* (deveria): Você tem regras rígidas e expectativas de como você e os outros deveriam ser.

- *Rotulação:* Você critica a si mesmo, e aos outros, usando rótulos negativos como tolo, idiota, perdedor e fraco, caso você, ou os outros, não esteja de acordo com suas expectativas.

- *Personalização:* Você toma as reações e comportamentos negativos de outras pessoas como pessoal, presumindo que eles são sobre você.

O conceito de distorções cognitivas foi extensivamente escrito por Aaron Beck, um pioneiro no campo da *terapia cognitiva*. Esse tipo de abordagem ajuda as pessoas a identificarem e examinarem suas crenças e processos de pensamentos, e a reconhecerem de que meios elas podem estar distorcendo uma avaliação mais objetiva da realidade. Todos estão sujeitos a distorcer a realidade, com base nas experiências passadas e nos significados que criamos para interpretar essas experiências. Quanto mais emocionais formos, mais provavelmente distorceremos a realidade objetiva. Isso é o que acontece quando temos de falar ou atuar em público. Nosso medo intenso nos leva a acreditar e prever coisas que não são reais, ou são improváveis de acontecer. Por exemplo, crenças e previsões negativas comuns incluem:

- Eu não vou conseguir fazer isso. Vai ser horrível.
- Vou parecer um tolo lá na frente.
- Todos irão rir ou sentir pena de mim.
- Vou perder toda a credibilidade e respeito.

- Eu deveria ser capaz de lidar com isso – o que há de errado comigo?

Após nos conscientizarmos de nossas crenças e previsões negativas, o próximo passo é identificar as distorções cognitivas em nosso pensamento ao nos referirmos à lista. Observe que algumas dessas categorias se sobrepõem. Não se preocupe em fazer com que as categorias sigam uma ordem. O ponto mais importante é começar a reconhecer os modos como estamos distorcendo a realidade e a criar maneiras alternativas de pensar que sejam uma descrição mais precisa da realidade objetiva. Neste exemplo, estamos distorcendo a realidade da seguinte maneira:

- Eu não vou conseguir fazer isso. Vai ser horrível.

  Raciocínio Emocional, Tira Conclusões Precipitadas – Leitura da Sorte

- Vou parecer um tolo lá na frente.

  Rotulação Negativa, Tira Conclusões Precipitadas – Leitura da Sorte

- Todos irão rir ou sentir pena de mim.

  Tira Conclusões Precipitadas – Leitura da Sorte, Leitura da Mente

- Vou perder toda a credibilidade e respeito.

  Pensamento de Tudo ou Nada, Tira Conclusões Precipitadas – Leitura da Mente

- Eu deveria ser capaz de lidar com isso – o que há de errado comigo?

  Pensamento Absoluto (deveria), Rotulação Negativa

Quando conseguimos enxergar nosso próprio modelo de distorção, o próximo passo é criar um novo conjunto de crenças e previsões com base no pensamento racional e em uma avaliação mais precisa da realidade objetiva. Usando o nosso exemplo, uma maneira mais racional de pensar seria como segue:

- Eu sei que vou conseguir fazer isso, embora me sinta ansioso e desconfortável.
- Muitos oradores se sentem ansiosos e desconfortáveis, mas eles não parecem tolos. Mesmo que eu me sinta tolo, não quer dizer que eu pareça um tolo
- Se as pessoas virem como estou ansioso, elas sentirão um pouco de compaixão ou preocupação comigo. Não posso controlar o que as pessoas pensam, portanto preciso focar no meu propósito e não me preocupar com o que elas estão pensando.
- As pessoas parecem me aceitar mais do que eu mesmo me aceito. Se outras pessoas cometem um erro ou se esquecem de algo, eu não perco o respeito por elas automaticamente, e nem mesmo penso que qualquer coisa que ela diga não seja crível, então por que achar que os outros farão isso comigo?
- Não tem problema me sentir ansioso. Ainda consigo falar ou atuar e me sair bem mesmo quando estou ansioso. Sei que vou me sentir menos amedrontado se ficar focado em pensamentos e imagens positivos e tranquilizantes, e no meu propósito de contribuir com os outros.

Nossas percepções sobre como parecemos aos olhos dos outros quando estamos ansiosos e amedrontados podem ser excessivamente distorcidas. De tempos em tempos, as pessoas na minha classe dizem que elas se sentem ansiosas e amedrontadas por dentro, ainda assim o grupo detecta pouca ou nenhuma ansiedade na maneira como elas se apresentam. Quando os participantes da classe conseguem se ver nas filmagens depois da aula, eles ficam impressionados em ver como se saíram bem melhor do que haviam imaginado. Essa distorção encaixa-se na categoria de Raciocínio Emocional (veja a lista), onde achamos que porque sentimos fortes emoções, estamos mostrando aos outros o que sentimos por dentro. Não é bem assim. É claro que algumas vezes as pessoas parecem bastante nervosas como oradores ou atores, mas a maioria não retrata a intensidade dos sentimentos que estão acontecendo por dentro. Na realidade, parecemos mais calmos do que poderíamos imaginar!

Desenvolvendo um Novo Conjunto de Crenças e Previsões
Quando nos tornamos cientes de como distorcemos a realidade e, como resultado, criamos muitas dúvidas e desconfianças sobre nós mesmos e sobre os outros, é essencial que desenvolvamos novos modelos de pensamentos e crenças baseados na realidade. Um dos benefícios em termos uma mentalidade adulta é que podemos examinar nosso sistema de crenças e processos de pensamento. Podemos, então, tomar decisões conscientes para trabalhar na eliminação de modelos negativos de crenças e pensamentos que não nos servem. Isso nos deixa livre para adotarmos um novo conjunto de crenças e modelos de pensamentos que funcionam para nós e nos permitem fazer o melhor possível. É preciso tempo para se livrar de nosso modo antigo e familiar de pensar, isso porque este foi fortemente reforçado. Também é preciso tempo para recondicionar crenças alternativas e padrões de pensamentos, isso porque temos a tendência de gravitar em direção ao que estamos acostumados e geralmente sentimos que é arriscado e inconveniente mudarmos nosso jeito de ser.

Para criar a mudança no seu sistema de crenças, você precisará ser paciente e persistente em rever as novas crenças e modelos de pensamentos que quer adotar. Concentre-se bastante neles para reforçá-los e fortalecê-los. Talvez você não acredite nessas novas crenças e previsões fortalecedoras imediatamente, especialmente se ainda não acumulou experiências positivas para apoiar sua nova maneira de pensar. Se esse for o caso, você terá de fazer um ato de fé e agir como se essas crenças e previsões fossem verdadeiras. Isso permitirá que você comece a liberar o poder das crenças e previsões negativas. Você começará a criar uma nova possibilidade para uma maneira mais oportuna e realista de se ver e de ver os outros nas situações de discurso ou atuação em público.

Vale a pena observar que as pessoas que se sentem confiantes e confortáveis para falar ou atuar em público operam sob um conjunto de crenças e previsões diferente do nosso, que sofremos de medo intenso. As mesmas crenças e previsões que temos preparam o caminho para determinar como nos comportamos. Se alguém acredita que ele/ela é capaz e prevê que fará um bom trabalho com uma apresentação ou atuação, geralmente o poder dessa crença e previsão liderará o caminho para o resultado esperado. Por outro lado, se acreditarmos que não vamos conseguir e prevíramos que será um fracasso ou que não iremos conseguir sair dessa, as chances são grandes de nossa apresentação ou atuação sofrer com a influência de nossas crenças e previsões negativas.

É bastante útil conversar ou ler histórias sobre pessoas que tiveram sucesso em falar ou atuar em público e em outras áreas desafiadoras da vida. Muitas vezes você verá que essas pessoas preparam suas mentes para o sucesso ao terem pensamentos e crenças fortalecedoras, e se focarem neles. Para permanecerem em um estado capacitador, elas evitam pensar em maneiras que minem sua autoconfiança e autoestima. Precisamos ter essas pessoas como modelos e praticar os princípios que as tornam bem-sucedidas. Essa é uma estratégia que tenho usado muito, e ela tem sido imensamente eficaz para mim. Eu observei, li muito e falei com pessoas que demonstram muita confiança e poder em suas habilidades para falar e atuar em público. Eu aprendo o que elas fazem para criar esse estado mental capacitador e fortalecedor, e adoto atitudes e comportamentos similares. Algumas vezes penso sobre alguém em especial e me imagino sendo aquela pessoa, enfrentando o desafio de falar ou atuar em público. O que eu estaria pensando e fazendo para me preparar e dar o melhor de mim? Eu me coloco no lugar daquela pessoa e ajo como se fosse ela naquele momento, me conectando com os sentimentos de força e poder ao me identificar com os princípios vividos por ela. Essa estratégia sempre me ajuda a me conectar com uma fonte mais profunda de poder dentro de mim mesma e me permite experimentar um sentimento renovado de confiança e força.

Banindo a Voz Interna Crítica
Uma das maneiras mais certeiras de minar os sentimentos de confiança e força interior é sermos críticos ao extremo. Quando estamos em um estado de medo e dúvidas, temos a tendência de sermos muito duros e críticos conosco mesmos, antes, durante e depois de uma apresentação ou atuação. Isso, às vezes, é chamado de a *voz maternal crítica* ou de a *voz crítica interna*. Esses termos referem-se à voz interna que nos atormenta ao encontrar falhas nas coisas que fazemos, em apontar por que algo não irá funcionar bem e por que estamos fadados ao fracasso. Algumas pessoas cresceram com muitas críticas, falta de apoio ou encorajamento. Assim sendo, elas seguem em frente, internalizando em suas próprias cabeças uma maneira similar de falar sobre elas mesmas. Algumas vezes, as pessoas criam em suas cabeças um conjunto quase impossível de expectativas e padrões, e se veem presas em um círculo vicioso de autocrítica, não conseguindo estar à altura desses padrões. Quando essa voz crítica é ativada, encontramos muitas maneiras de nos colocarmos para baixo, focar em nossos pontos fracos ou limitações, não enxergar nossos pontos fortes e competências e, no geral, nos tratarmos severa e injustamente. Resumindo, nos voltamos contra nós mesmos e não mostramos compaixão ou apoio para enfrentar os desafios e contendas. Isso faz com que nos sintamos cada vez mais para baixo e sozinhos, o que amplia o ciclo de dúvidas e derrota.

Devemos pôr fim nesse padrão de autocrítica destrutivo e aprender a se relacionar conosco mesmos de uma maneira mais positiva e encorajadora, especialmente quando temos medo ou estamos inseguros. Isso é visto como criar dentro de você mesmo uma *voz maternal acalentadora*, a qual reflete o modo como pais bastante amorosos e compassivos falariam com seus filhos amedrontados. Os pais amáveis e acalentadores não diriam: "O que há de errado com você? Você vai mesmo parecer um tolo. As pessoas vão rir de você. Você é patético!".

Em vez disso, pais amáveis diriam: "Eu sei que este é um grande desafio para você e que você está amedrontado. Tudo bem sentir medo. Isso não quer dizer que as coisas vão ser ruins porque você está com medo. Eu sei que você vai se sair bem, mesmo que agora não se sinta assim. Lembre-se, ninguém espera que você seja perfeito. Você é maravilhoso do jeito que é. Eu acredito em você! Apenas seja você mesmo e faça o melhor, isso já basta." Precisamos criar esta voz maternal acalentadora em nosso interior. Precisamos aprender a falar com essa parte infantil amedrontada que temos dentro de nós com amor, compaixão, suporte e encorajamento. Essa parte infantil precisa mais do que a voz puramente racional, voltada para a realidade, da perspectiva adulta. Ela precisa ouvir uma voz mais suave, mais reconfortante, reafirmativa e encorajadora, que faz com que nos sintamos seguros e valiosos por estarmos falando ou atuando na frente de outras pessoas.

Observe a enorme diferença em foco, crenças e previsões entre a voz crítica e a voz acalentadora. A escolha da voz acalentadora, em vez da voz crítica, cria um resultado diferente sobre como nos vemos em uma situação de discurso ou atuação em público e as previsões que fazemos sobre como nos sairemos. Seu relacionamento carinhoso e amável consigo mesmo cria sentimentos mais profundos de autovalorização e segurança, os quais você carregará para os eventos de fala ou atuação em público. À medida que você cria essa conexão compassiva dentro de você mesmo, não se sentirá tão sozinho e desamparado.

É também importante que você continue esse diálogo compassivo interno após ter completado um evento de discurso ou atuação em público. A maioria de nós tem a tendência de focar em coisas que achamos que não fizemos certo ou suficientemente bem, e ficamos decepcionados ou abatidos com nossa apresentação ou atuação. Mesmo que tenhamos feito um bom trabalho, focamos em uma ou duas coisas que não gostamos, ou ficamos nervosos por termos ficado ansiosos. Temos a tendência de sermos extremamente críticos após o evento e acabamos não percebendo nossas habilidades e pontos fortes, assim como nossa coragem por termos feito uma apresentação ou atuação, apesar do nosso medo.

Trabalhe para desenvolver aquela voz acalentadora interna que validará as coisas que você fez bem. Use padrões razoáveis, em vez de ideais perfeccionistas, quando refletir sobre o seu discurso ou atuação. Reconheça suas habilidades e sua coragem. Concentre-se nas coisas que lhe fazem sentir-se bem, em vez de se repreender pelas falhas percebidas. Crie expectativas razoáveis para si mesmo e, caso não consiga atingir essas expectativas, considere maneiras de melhorar na próxima vez. Dê a si mesmo reconhecimento e aprovação pelos seus pontos fortes e habilidades, e faça uma autoavaliação construtiva a respeito das áreas para melhorar. Esses são meios certeiros de adquirir cada vez mais autoconfiança para as apresentações ou atuações futuras. Por outro lado, a combinação de padrões e expectativas perfeccionistas e exorbitantes, focando nos defeitos percebidos, e o desenvolvimento de um estado de decepção e raiva para consigo mesmo são maneiras certeiras de desenvolver ainda mais medo e apreensão para a próxima vez.

Minha experiência pessoal no desenvolvimento de crenças e previsões positivas em meu "eu" adulto e o desenvolvimento de uma voz maternal acalentadora para lidar com minha criança amedrontada foram muito profundas. Inicialmente, eu tive de usar os princípios de *agir como se*, isso porque eu não tinha uma experiência sobre a qual construir crenças e previsões mais positivas sobre minha habilidade de lidar com as situações de discurso em público, com segurança. Eu conscientemente começava a dizer para mim mesma coisas que refletiam crenças e previsões positivas, e me abstive de dizer coisas que minariam minha confiança e crença em mim. Eu fiz um ato de fé e continuei dizendo coisas mais positivas e afirmativas para mim mesma, mesmo quando eu não acreditava completamente em mim. Também conversava comigo mesma, usando a voz maternal acalentadora, e era bastante simpática e gentil comigo mesma, o que criou um sentimento de apoio e segurança. E me abstive em dizer coisas que me dessem medo ou causassem dúvidas. Comecei a abandonar as expectativas e padrões perfeccionistas. Eu consciente e deliberadamente validava meu sucesso em dominar o meu medo, não importando quão pequeno ou insignificante ele fosse. Ao mesmo tempo, também validava minha força crescente e habilidade como oradora, criando assim previsões otimistas para a próxima vez. À medida que me arriscava mais para falar em público, continuei usando esse método para dar segurança e suporte para aquela minha parte infantil, assim como permaneci conectada com minha realidade adulta o máximo possível. Essa foi realmente uma combinação vencedora para mim. É essencial que dominemos a arte de nos relacionarmos conosco de maneira capaz e habilidosa para poder criar as condições para o sucesso quando fazemos uma apresentação ou atuação na frente de outras pessoas.

A seguir, descrevo uma lista de coisas que digo a mim mesma antes de um discurso, e após. Considere o que funciona para você. O que você diz a si mesmo poderá mudar com o tempo, dependendo do seu estágio de desenvolvimento em superar o seu medo.

As coisas que disse a mim mesma incluem:

- Tudo bem se sentir ansiosa. Eu não preciso temer o meu medo.
- Tenho de manter o meu foco no meu propósito. Eu realmente quero ajudar as pessoas para quem estou falando, e fazer a

diferença na vida delas. Preciso focar em me conectar com as pessoas na minha plateia.

- Não é sobre mim. É sobre o que eu posso oferecer aos outros.
- As pessoas não estão lá para me esmiuçar. Elas estão lá para aprender algo comigo e desfrutar da minha apresentação.
- Eu sei que tenho o que é preciso para ser uma boa oradora. Eu apenas preciso saber quem eu sou naturalmente e ficarei bem.
- Eu conheço meu material e sei que posso fazer uma ótima apresentação, mesmo se eu me sentir ansiosa.
- Eu sei que os sentimentos de medo não duram para sempre.
- Deixe-me me imaginar em algumas situações após a apresentação. Vejo-me dirigindo para casa, jantando, me preparando para dormir. Vejo-me seguindo a minha rotina no dia seguinte e percebendo que a vida segue em frente normalmente depois que a minha apresentação acaba.
- Deixe-me pensar sobre minha plateia e perceber que estas são pessoas reais, que têm vida plena. Para essas pessoas, ouvir minha palestra não é um evento que irá chacoalhar a terra. Eu não sou o centro do universo delas.
- Deixe-me voltar ao passado e pensar nas outras vezes em que tive sucesso, e sei que tenho, dentro de mim, tudo para ter sucesso novamente.
- Tudo que preciso está agora dentro de mim.

Logo no início, tive de ter muitas conversas internas acalentadoras, isso porque meu medo era muito grande na época. Eu dizia para minha criança amedrontada coisas como:

- Você vai ficar bem. Nada de ruim irá lhe acontecer. Vou cuidar de você.

- Tudo bem se sentir amedrontada. Eu estarei lá para ajudá-la a passar por isso. Você não está sozinha.
- Você tem o direito de falar e de se expressar.
- Faça o melhor possível e isso já é o suficiente. Ninguém espera perfeição de você.
- As pessoas na plateia não são monstros. São pessoas normais, assim como você.
- Elas querem ouvir o que você pensa e o que você tem a dizer.
- Elas te respeitam e gostam de você.
- Você está segura. Ninguém irá machucá-la.
- Você fez um excelente trabalho! Eu sabia que você iria conseguir!

Lembro-me de uma história engraçada de uma senhora, com a qual havia trabalhado em aconselhamento individual, que estava, na época, trabalhando bastante sua criança interior. Quando ela tinha de enfrentar uma situação que fosse muito assustadora ou intimidante para ela, ela dizia à sua parte infantil: "Vou te dizer uma coisa, você fica em casa hoje; eu vou sair e fazer o que tenho que fazer. Quando eu voltar para casa, eu conto para você como foi." Isso realmente funcionava para ela. Ela saía se sentindo e agindo como um adulto, e a sua criança amedrontada ficava segura em casa.

RESUMO

- Temos crenças negativas e criamos previsões negativas sobre nós mesmos em uma situação para falar ou atuar em público. Temos a forte tendência de acreditar nesses padrões de pensamentos negativos por causa da intensa carga emocional do medo.
- Precisamos identificar e confrontar pensamentos que distorçam excessivamente a percepção que temos de nós e dos outros

quando estamos em situações de discurso ou atuação em público. Precisamos criar novas crenças e previsões que sejam mais racionais e baseadas em uma realidade adulta mais objetiva.

- Ao fazer isso, ativamos nosso "eu" adulto, o que permite nos conectarmos com nossas habilidades e forças adultas. Quando ficamos conectados com nosso medo intenso, estamos operando mais com o nosso "eu" infantil, o qual acredita em nossos medos imaginários, assim como uma criança acredita que há *monstros no armário*.

- *Precisamos* parar a *voz interna crítica* que continua a minar nossa confiança e crença em nós mesmos. Em vez disso, precisamos criar uma *voz maternal acalentadora*, a qual nos proporciona uma sensação de segurança, assim como nos oferece apoio, aprovação, encorajamento e compaixão.

- Uma combinação eficaz é criarmos sentimentos de segurança e apoio para a nossa parte infantil amedrontada e, ao mesmo tempo, permanecermos focados o máximo possível na realidade objetiva percebida pelo nosso "eu" adulto.

ETAPAS PARA AÇÃO

- Faça uma lista das suas crenças, previsões e modelos de pensamentos negativos relacionados com o discurso ou atuação em público. Carregue-a com você para qualquer extremo em que possa ir quando sentir muito pânico e terror. Identifique as distorções cognitivas em cada um desses tópicos usando a lista incluída neste capítulo.

- Agora, escreva novas crenças, previsões e modelos de pensamentos alternativos que sejam baseados em pensamentos racionais e que reflitam uma realidade mais objetiva, mais adulta. Conecte-se com seu "eu" adulto ao pensar sobre suas habilidades e pontos fortes adultos.

- Trabalhe para pôr fim à sua voz interna crítica em relação ao discurso ou atuação em público, assim como em outras áreas da sua vida. Em vez disso, trabalhe para criar uma voz maternal acalentadora que proporcione sentimentos de conforto e segurança, para assim apoiá-lo e encorajá-lo. Escreva coisas que você possa dizer à sua parte infantil amedrontada quando estiver enfrentando o desafio de falar ou atuar em público.

- Pratique essas novas habilidades ao criar situações para falar ou atuar na frente de amigos e familiares. Permita-se de 5 a 10 minutos para esse exercício, usando as mesmas diretrizes que os exercícios anteriores. Foque nas habilidades discutidas neste capítulo, ao mesmo tempo usando estratégias aprendidas nos capítulos anteriores. Continue também atualizando sua lista de Estratégias.

- Revise esses exercícios escritos pelo menos uma vez por semana, durante vários meses, para se conscientizar e recondicionar sua maneira de pensar e acreditar. Continue revisando esse material antes do discurso ou atuação em público para poder reforçar esses novos modelos de pensamento. Assim que você perceber que voltou ao seu velho modo de pensar, imediatamente encontre uma maneira mais útil de pensar e de se relacionar consigo mesmo.

Sob os Holofotes

8

Criando um Corpo e uma Mente Calmos e Habilidosos

Quando percebemos algo ameaçador ou perigoso para nós, o corpo tem um mecanismo automático no sistema nervoso que nos protege de danos potenciais. Esta é conhecida como a resposta para lutar ou fugir, a qual foi mencionada em um capítulo anterior. O corpo passa por uma série de rápidas reações bioquímicas que nos preparam para lutar contra o perigo percebido ou fugir da situação, afastando-se de qualquer ameaça ou perigo potencial. O sistema nervoso nos prepara para nos protegermos ao criar respostas imediatas de excitação que nos permitem agir rapidamente. A resposta de excitação inclui reações como respiração superficial rápida, ritmo cardíaco acelerado e tensão muscular. Essas reações colocam o corpo em um estado de prontidão para evitar o perigo e garantir nossa sobrevivência.

O *sistema nervoso simpático* é a parte do sistema nervoso que regula a resposta para lutar ou fugir. Ele prepara o corpo para se defender contra o perigo *percebido*, seja este *real* ou *imaginário*. Por exemplo, esse sistema de excitação pode ser iniciado pelo perigo real de um estranho estar correndo atrás de você em uma rua escura ou pelo perigo imaginário de ter de falar ou atuar na frente de uma plateia. Se a sua mente perceber algo como um perigo significante ou ameaça ao seu bem-estar, e esta ameaça entrar no seu sistema nervoso, ele agirá sobre a entrada sem avaliar a verdadeira realidade da ameaça. Ele imediatamente responderá com excitação do corpo sem questionar a realidade da ameaça. Assim sendo, depende de você perceber as situações mais precisamente e distingui-las entre ameaças reais e imaginárias para não enviar mensagens falsas para o sistema nervoso. Eu costumava sentir como se meu corpo estivesse me traindo por ficar tão fora de controle, com ondas de sensações físicas intensas. Eu agora passei a entender que meu corpo estava fazendo exatamente o que ele precisava fazer com base nas minhas percepções de ameaça e perigo. Meu sistema nervoso simpático estava tentando proteger minha sobrevivência, mas não conseguia distinguir que este era um perigo imaginado, e não um perigo real.

O *sistema nervoso parassimpático* é a parte do sistema nervoso que serve para acalmar e diminuir a excitação do corpo quando a percepção de uma ameaça ou perigo significante já não existe mais. Esta parte do nosso sistema nervoso traz o corpo de volta ao equilíbrio depois da excitação, quando não nos sentimos mais ameaçados. Essas duas partes do sistema nervoso trabalham juntas, de maneira complementar, sendo que uma parte, ou a outra, é a parte dominante a qualquer hora. Embora elas funcionem de maneira automática e involuntária, elas também estão sujeitas a serem influenciadas pelo comportamento consciente e deliberado. É muito importante perceber isso porque assim encontramos um caminho para controlar nossas reações físicas internas. Com a combinação da mudança de nossas percepções, para que não mandemos mensagens de perigo falsas para nosso sistema, e o uso de outros métodos para trazer à tona respostas de relaxamento no corpo, conseguimos encontrar esse caminho.

Mudando as Percepções

Na arena de mudanças de percepções, precisamos focar, pensar a respeito e dizer coisas que nos proporcionem mais sentimentos de segurança e confiança em nós mesmos e nos outros. Em vez de alimentarmos todos os nossos medos imaginários e percepções sombrias, precisamos nos apegar ao nosso "eu" adulto. Precisamos avaliar mais precisamente a realidade da situação e a nossa capacidade em lidar com as demandas desta em nosso papel de adultos. Minhas percepções sobre uma situação de discurso ou atuação em público mudaram dramaticamente quando comecei a trabalhar para superar meu medo. Eu agora consigo perceber a situação de maneira mais realista com meu "eu" adulto, em vez das percepções distorcidas que surgem de uma mentalidade mais retrógrada e infantil. Por exemplo, compartilharei com vocês algumas das minhas percepções distorcidas que criaram meu terror e desconfiança internos, e minhas percepções atuais que agora criam sentimentos de confiança e segurança.

Minhas Primeiras Percepções

- Eu achava que as pessoas estavam procurando o que havia de errado comigo e me julgando como pessoa.

- Eu me sentia sozinha e desamparada, sem apoio.

- Eu achava que as pessoas iriam perder o respeito por mim e sentir pena se elas vissem como eu estava ansiosa.

- Eu sentia como se as pessoas conseguissem ver através de mim, e que veriam que eu não estava tão confiante quanto tentava me mostrar para o mundo.

- Eu via as pessoas na plateia como monstros, prontos para saltar sobre mim se eu fizesse algo errado.

- Eu sentia como se fosse eu contra elas, e não poderia deixá-las ver como eu estava amedrontada, ou elas iriam se aproveitar dessa situação.
- Sempre que tinha de fazer uma apresentação, eu passava pela situação como se estivesse sendo julgada em um tribunal e enfrentando uma possível sentença de morte.
- Eu achava que não podia confiar em mim mesma por sentir-me tão fora de controle do meu corpo e da minha mente.
- Eu me sentia como uma criança na frente de adultos. Esperavam que eu tirasse de letra e agisse como adulto, sem ninguém detectar como eu realmente me sentia.
- Eu achava que nunca poderia ser o meu verdadeiro "eu". Achava que isso não era seguro e que, se eu abaixasse minha guarda, poderia me machucar.

Minhas Percepções Atuais
- Meu propósito em discursar é contribuir com os outros e fazer a diferença na vida deles, com qualquer informação ou mensagem que eu possa oferecer.
- As pessoas na plateia são pessoas reais, como eu. Preciso focar em me conectar com cada uma delas como indivíduos e criar um sentimento caloroso e receptivo para com elas.
- Não é sobre mim. A plateia não está aqui para me esmiuçar e me avaliar como pessoa. Elas vêm me ouvir falar para ver se conseguem obter algo de valor para elas.
- Quero ser carinhosa e generosa com a minha plateia. Eu realmente quero ajudá-los com o que compartilho e expresso.
- Eu acredito que tenho todos os recursos dentro de mim para fazer um bom trabalho. Eu confio em mim e na ajuda divina que conseguirei dar algo de valor para a minha plateia.

- Tudo bem ser quem eu realmente sou. Não estou aqui para impressionar as pessoas ou obter a aprovação delas. Estou aqui para oferecer algo a elas, e faço isso melhor quando sou quem realmente sou, e não quando tento ser alguém que não sou.
- Tudo bem me sentir ansiosa quando me preparo para um discurso. Isso é normal e natural. Eu sei que funciono bem mesmo quando me sinto ansiosa.
- Eu sei que me sentirei menos ansiosa se focar em dar algo à plateia e me esquecer de mim.
- Quero me divertir com a plateia. Quero iluminar o ambiente e fazer com que as pessoas se sintam bem por estarem aqui.

Como vocês podem ver, há uma enorme diferença entre minhas primeiras percepções e as atuais. Minhas primeiras percepções produziam uma resposta para lutar ou fugir, para proteger minha sobrevivência quando minha mente percebia um perigo imaginário. Naquela época, eu não entendia o que estava acontecendo com meu corpo e, assim sendo, a resposta deste passou a ser mais uma ameaça para mim, pois me via completamente fora de controle e não tinha saída. As reações da minha mente e corpo alimentavam um círculo de *feedback* bastante negativo, que evoluía para um ataque de pânico total em muitas ocasiões. Isso armava o cenário para que eu me preparasse para a próxima vez, prevendo que acabaria passando por uma reação traumática similar todas as vezes que tinha de falar em público. Essas reações e previsões se acumulavam para criar uma percepção, cada vez mais crescente, de ameaça e perigo sempre que eu tinha de falar na frente de outras pessoas.

Minhas percepções atuais são bem diferentes em foco, e me levam a ter confiança e sentir-me segura, em vez de alarmada e em perigo. Essas percepções não dão início à resposta para lutar ou fugir, isso porque não estou mais criando um perigo imaginário em minha mente. À medida que minhas percepções se tornam mais adultas e voltadas para a realidade, meus sentimentos de segurança e confiança continuam a aumentar. Porque comecei a me sentir mais segura, o meu sistema nervoso parassimpático está mais dominante, criando assim uma resposta relaxante em meu corpo. Essa resposta reforça os sentimentos de segurança porque meu corpo já não fica mais tão fora de controle. Assim sendo, finalmente minha mente e meu corpo estão trabalhando juntos para criar um estado de calma, não um estado de terror! E com isso, passei a ter mais segurança e confiança em mim, e minhas previsões para os discursos futuros tornaram-se mais positivas e encorajadoras.

Essa mudança não aconteceu da noite para o dia. Ela foi um processo, como muitas outras coisas, de me desfazer do antigo e deixar entrar o novo. Algumas vezes, quando tremia muito, eu tive de agir como se tivesse crenças e percepções mais habilidosas. Até certo ponto, isso sempre me ajudou, pois permitiu que eu tentasse um novo conjunto de crenças e percepções que foram de fato mais habilidosos. Também permitiu me recondicionar na adoção de uma nova maneira de pensar. Depois de algum tempo fazendo isso, comecei a construir experiências positivas por sentir-me mais calma e confiante, e as usei como referência para criar expectativas mais positivas para as situações futuras de discurso. Eu finalmente havia saído do círculo em que me encontrava e entrado em um círculo de *feedback* positivo e capacitador.

Demonstrando Humor

Também usei outras técnicas e estratégias para mudar minhas crenças e percepções e acalmar meu sistema nervoso. Além das estratégias discutidas nos capítulos anteriores, mencionarei uma série de outras coisas muito úteis que fiz e que ensinei outros a fazer.

Uma das técnicas é aquela conhecida como *técnica de scrambling*, a qual foi adaptada da disciplina de *Programação Neurolinguística* (PNL). Eu recomendo que você leia mais sobre PNL, pois esta lhe oferece uma variedade de técnicas que irão ajudá-lo a fazer mudanças nas suas percepções de uma situação ou experiência, assim como alguns exercícios específicos para lidar com fobias. Na técnica de *scrambling*, inicialmente você imagina, o mais vividamente possível, usando todos os seus sentidos, a experiência do seu pior medo em uma situação de discurso ou atuação em público. Quando essa imagem estiver clara na sua mente, comece a misturá-la e imagine o quadro mais ridículo, tolo e bizarro que puder. Você poderá imaginar que as pessoas têm asas e estão voando pela sala, colocar pernas de pau ou ficar de cabeça para baixo, olhando as pessoas, vê-las mudando de cor ou usando vestidos ou ternos de bolinhas cor-de-rosa, o que a sua imaginação permitir. Você provavelmente começará a rir das imagens tolas que criou na sua mente. Quando achar que a imagem está bastante tola, imagine-a ainda mais tola e bizarra.

A ideia desse exercício é que você estará misturando tanto as imagens que não conseguirá distingui-la da imagem original assustadora. É útil reforçar essa nova associação ao criar um quadro vívido do cenário tolo em sua mente, até que ele seja facilmente acessível sempre que começar a sentir medo. Em seguida, sempre que sua mente começar a imaginar os piores cenários, ela imediatamente os associará à imagem tola, estúpida e bizarra, e você começará a rir sozinho. Sinta-se à vontade para criar novas e diferentes imagens tolas para manter o exercício novo e interessante.

Antes de ler mais, gostaria que você tirasse alguns minutos para experimentar essa primeira técnica. Primeiramente, leia as instruções e, em seguida, deixe o livro de lado e tente fazê-la enquanto ainda está fresca em sua mente. Recomendo que você faça esses exercícios quando eu os sugerir, em vez de esperar, porque isso ajuda a imediatamente experimentar cada uma dessas técnicas, após elas terem sido descritas completamente. Você aprenderá e se lembrará das técnicas se tirar alguns minutos para tentar cada uma delas completamente.

- Primeiro, usando todos os seus sentidos (visão, audição, paladar, tato e olfato), crie uma imagem vívida de você na sua pior situação de discurso ou atuação em público, se atrapalhando da pior maneira possível. Mantenha esta imagem por alguns segundos até que ela esteja clara em sua mente.

- Em seguida, comece a transformá-la na imagem mais bizarra e ridícula que possa imaginar. Libere a criança dentro de você e deixe sua imaginação correr solta! Seja bastante tolo e vá além, torne-a ainda mais tola! Divirta-se com isso e desfrute da sua criação.

- Agora volte para a imagem profundamente pessimista e imediatamente misture-a com a imagem tola. Repita esse procedimento umas cinco vezes, até que haja uma associação. Observe as suas próprias reações a este exercício. Imagine-se na situação real pensando nisso e silenciosamente rindo sozinho da sua própria piada interna.

Nos contatos de acompanhamento com os participantes da classe, várias pessoas relataram ter usado esta técnica com sucesso quando tinham de fazer uma apresentação ou atuação. O humor imediatamente evitou que eles entrassem em um estado mental extremamente sério e pessimista, criando assim um espírito de leveza e diversão. Eles se viram com um sorriso nos lábios e não com a testa franzida de preocupação, e isso reforçou ainda mais uma perspectiva positiva e disposição.

Tornando-se Confiante
Outra técnica imensamente útil é conhecida como *visualização positiva* ou *imaginação mental*. Talvez você já tenha ouvido falar nessa técnica, usada na psicologia esportiva e em *coachings* para o sucesso. Ela mostrou ser bastante eficaz, tanto na criação de níveis altos de confiança quanto em melhorar o desempenho. Ela se encaixa

no modelo da profecia autorrealizável, a qual diz que, se focarmos e acreditarmos em nós mesmos, ela se realizará. Assim sendo, se focarmos em imagens e previsões negativas, nos preparamos para uma redução dramática na confiança e para níveis mais baixos de desempenho. Por outro lado, se focarmos e criarmos imagens e pensamentos capacitadores, estaremos criando um estado interno de confiança e previsões positivas. Esse estado leva a níveis mais altos de desempenho e reforça ainda mais a confiança e o sucesso futuro. Na arena dos esportes, um jogador poderá se imaginar jogando um jogo com sucesso, várias vezes em sua mente, antes de realmente entrar na quadra ou no campo. Ele antecipa como jogará o jogo, jogada por jogada, fazendo cestas ou gols com facilidade, recuperando-se de jogadas difíceis, com muita confiança e sucesso. O jogador se vê celebrando a vitória no final do jogo e ouvindo os torcedores o ovacionando. Ele passa essas imagens de sucesso várias vezes em sua mente, perseverantemente ganhando confiança e criando um estado de auge, o qual carrega para a performance real. Até agora, nos armamos para nos sentirmos desmoralizados, em dúvida e inseguros por causa de nosso foco e previsões negativas. Não é nenhuma surpresa se chegarmos a um evento de discurso ou atuação tremendo e desamparados, isso porque criamos esse estado de inabilidade através de nosso preparo mental negativo. Nosso desempenho também sofreu, até certo ponto, como resultado de uma profecia autorrealizável.

Devemos mudar nossa estratégia na antecipação de um evento de discurso ou atuação. É importante se preparar mentalmente de modo a criar confiança e um estado mental de auge. Devemos antecipar e nos preparar para o sucesso, não para o fracasso. Precisamos nos imaginar confiantes; imaginar-nos em um estado de auge quando fazemos uma apresentação ou atuação, às vezes chamado de "estar no fluxo", onde tudo flui naturalmente e sem esforço; fácil e eficazmente responder a quaisquer desafios que possam surgir; celebrar nosso sucesso ao ouvir os aplausos e nos sentirmos orgulhosos de nós mesmos e de nossas conquistas.

No início, será difícil se ver como confiante e bem-sucedido se você está acostumado a duvidar de si e se sentir um fracasso. Talvez você tenha de agir como se estivesse se sentindo confiante sobre sua habilidade de ser bem-sucedido antes de desenvolver os sentimentos reais de segurança e confiança em si. Mesmo que nessa hora os sentimentos não sejam tão genuínos, ainda assim é importante fazer esse exercício várias vezes para começar a se recondicionar para o sucesso. Muitas pessoas altamente bem-sucedidas em outras profissões geralmente pensam assim, e esta tem sido uma parte importante de seus sucessos. Antes de essas pessoas realmente começarem a ter sucesso, elas primeiro criaram o sucesso em suas mentes. Dizem que o que é criado primeiro na mente essencialmente se manifesta na realidade externa. Podemos usar esse princípio para recondicionar nossas mentes com um foco em imagens e pensamentos positivos e capacitadores. Devemos tirar nosso foco do medo e focar nos resultados desejados.

Algumas pessoas disseram que temiam fazer isso porque poderiam se decepcionar caso não alcançassem o sucesso, e elas podiam não estar preparadas se algo ruim acontecesse. Esse tipo de pensamento é o que causa o próprio fracasso. Ele foca na possibilidade de que algo ruim pode acontecer, em vez de focar na alta probabilidade de que coisas boas acontecerão, com um preparo mental positivo. Se você estiver pensando assim, recomendo que desafie as distorções no seu sistema de crenças e se dê a chance de criar uma maneira mais capacitadora de pensar. Usei este princípio com bastante sucesso na área do discurso em público, assim como em outras áreas da minha vida. Eu geralmente não passo quadro por quadro na minha mente, imaginando mentalmente meu sucesso em um discurso em público, como fazem algumas pessoas. Em vez disso, eu crio uma imagem geral da minha entrada no evento, e da minha confiança, eficácia e desenvoltura ao me apresentar. Eu sinto a confiança à medida que crio essa imagem capacitadora e a reforço com pensamentos afirmativos, com um foco positivo no meu propósito. Eu me imagino sentindo-me profundamente conectada com minha plateia e desfrutando o processo de compartilhar com elas o que eu tenho a dizer. Eu me imagino no final, sentindo-me orgulhosa da minha conquista e vendo que as pessoas na minha plateia me reconhecem pelo impacto positivo que tive na vida delas. À medida que repasso esta imagem várias vezes antes de um evento, sinto-me mais confiante de que posso alcançar meu propósito quando o verdadeiro evento acontecer. Na minha imaginação, não é ser uma estrela e me deslumbrar com os aplausos. É, sim, ser uma oradora confiante e eficaz, que consegue alcançar seu propósito de positivamente afetar sua plateia e fazer uma verdadeira diferença em suas vidas.

Agora gostaria que vocês tentassem fazer este exercício de visualização positiva. Certifique-se de adaptá-lo às suas próprias circunstâncias de discurso ou atuação. Primeiro, leia as instruções para o exercício e, em seguida, deixe o livro de lado e pratique-o.

- Usando todos os seus sentidos, imagine vividamente a primeira vez que lhe pediram para fazer uma apresentação ou atuação. Imediatamente, comece a se sentir bastante aberto e receptivo à oportunidade. Comece a se sentir confiante e a acreditar em si, sabendo que conseguirá fazer um bom trabalho.

- Em seguida, imagine-se nos dias, semanas ou meses antes do evento, sentindo-se calmo e relaxado a respeito do evento que está por vir, confiante na sua habilidade em fazê-lo bem feito.

- Visualize você se preparando para a apresentação ou atuação, sentindo-se muito bem sobre sua habilidade em fazê-la de maneira potente e eficaz.

- Visualize você no dia que antecede o evento, continuando a se sentir calmo e confiante. É a noite anterior ao evento e você está dormindo bem, sentindo-se revigorado e positivo na manhã do evento.

- Imagine-se a caminho do evento, sentindo-se extremamente confiante, com expectativas positivas na sua habilidade em fazer um bom trabalho.

- Comece a imaginar a apresentação ou atuação em si, vividamente se movimentando pelo evento com desenvoltura e eficácia, desfrutando o sentimento de estar no fluxo.

- Imagine-se lidando com quaisquer desafios que possam surgir, fácil e confortavelmente. Seus pensamentos estão claros e focados no seu propósito.

- Imagine-se profundamente conectado com sua plateia e desfrutando do processo de discurso ou atuação. Imagine-se sentindo orgulho de sua realização quando a plateia reconhece o impacto positivo que você teve na vida deles.

- Quando sair do evento, saia mantendo os sentimentos bons e sentindo-se completamente confiante de suas habilidades como orador ou ator para contribuir para a vida de outras pessoas. Crie uma imagem de si acatando ansiosamente as oportunidades futuras para discursar ou atuar em público.

Embora esta visualização pareça estar anos-luz à frente de como você se vê no momento, é essencial que você comece a criar uma nova imagem de si mesmo como orador ou ator. Esta técnica é uma das mais eficazes. O campo da *psicocibernética* refere-se a esta como um ensaio mental no *teatro da mente*. Precisamos chegar ao ponto de nos redefinirmos e nos vermos como capazes de enfrentar situações de discurso ou atuação com confiança, desenvoltura, alegria e sucesso. Recomendo que você use esta técnica regularmente para recondicionar sua mente e ver toda uma nova possibilidade nunca antes imaginada!

Expandindo sua Identidade

Também tenho usado o princípio de *modelos exemplares* para expandir minha própria imagem com relação ao discurso em público. Esse princípio também é usado na área de *coaching* para o sucesso e treinamentos de *peak performance*. A ideia por trás desse princípio é que você possa adotar novos comportamentos ou qualidades pessoais ao se inspirar ativamente em alguém que tem os comportamentos e qualidades que você deseja para si. Eu normalmente leio muito, e escuto falar sobre pessoas que são grandes oradores, atores ou atuam em outras profissões. Eu escuto cuidadosamente os princípios operacionais pelos quais eles vivem e os princípios que os tornam bem-sucedidos. Então considero como posso aplicar esses princípios à minha vida. Por ter feito isso, minha curva de aprendizado foi acelerada e me deu mais diretrizes para viver a minha vida de acordo com o que contribuiu para aumentar minha eficácia e sucesso.

Embora use esses princípios em todas as áreas da minha vida, procuro, especialmente, meios de aplicá-los na área de discurso e atuação em público. Alguns dos princípios operacionais centrais que aprendi e uso ativamente no processo de modelos exemplares para outras pessoas incluem:

- Ter uma missão ou propósito maior do que você quando falar ou atuar em público. Você deve desejar ardentemente fazer a diferença na vida dos outros.

- Mantenha seu foco em fazer uma conexão forte e profunda com sua plateia. É assim que causamos maior impacto nos outros e eficazmente alcançamos nosso propósito. Ao se conectar experimentando e expressando amor é que eliminamos o medo.

- Seu propósito não é obter a aprovação dos outros, mas sim adicionar valor às suas vidas.

- Prepare-se ao criar uma mentalidade e uma expectativa positivas antes de falar ou atuar em público. Lembre-se das outras vezes em que você esteve no *peak performance* em sua vida, e conecte-se ao estado em que estava naquela época. Saiba que você é capaz de recriar esse estado quando entra em qualquer situação de discurso ou atuação em público.

- Crie um estado físico de auge em seu corpo ao fazer as coisas que criam sensações de energia, relaxamento, vivacidade e força em seu corpo físico.

- Veja cada situação de discurso ou atuação como uma oportunidade de ouro para crescer além de suas limitações percebidas e para causar um impacto maior no mundo.

- O ser humano cresce mais quando deixa a sua zona de conforto e se arrisca para entrar na área do desconhecido. Procure aprender as lições todas as vezes que se encontrar em territórios incertos e se sentir desconfortável.

- Tudo bem cometer erros ou experimentar rejeição. Isso não significa que você seja um fracasso. A maioria das pessoas bem-sucedidas cometeu muitos erros e experimentou rejeições inúmeras vezes. Essas experiências não as derrotaram ou as levaram a perder a fé em si. Em vez disso, elas se concentraram nas lições a serem aprendidas e seguiram em frente, resolutas e determinadas a ter sucesso.

- Sempre tenha fé e confiança de que você tem, dentro de si, tudo que é preciso para ter sucesso. Você consegue extrair esse poder de dentro de você ao acreditar em si e em uma força maior que te guia.

- Concentre-se nos seus sucessos e conquistas, e os celebre. Espere o melhor de si e conseguirá o melhor.

Estes são alguns dos princípios básicos que uso para direcionar minha vida. Descobri que, quando os uso para me capacitar em outras áreas da minha vida, tenho mais fé e confiança em mim quando tenho de falar ou atuar em público. Agora estou ciente de que sou responsável por criar ativamente meu estado mental e corporal para ser confiante e forte. Dou prioridade ao preparo de minha mente e corpo com *a psicologia correta* e *a fisiologia correta* para o *peak performance*, como faço quando preparo o material que será apresentado à plateia. Eu costumava pensar que, se eu não tivesse a habilidade natural de discursar com confiança e desenvoltura na frente de outras pessoas, estaria fadada a ter medo para sempre. Descobri que isso não é verdade. Aprendi a fazer coisas que me dão fé e confiança, e me permitem dar o melhor de mim na frente dos outros.

Cuidados Pessoais Positivos
Além de desenvolver um foco positivo em minha mente e conversar comigo mesma com uma linguagem que me dá confiança e segurança, também faço outras coisas para gerar um estado positivo. Eu valorizo um estilo de vida saudável e bons cuidados pessoais, os quais me fazem sentir bem e me mantêm na minha melhor forma. Sigo regularmente uma dieta vegetariana voltada para a saúde, bebo bastante água, tomo bebidas descafeinadas e me exercito rotineiramente. Embora você talvez escolha não seguir esse estilo de vida, eu recomendo que você fique longe de cafeína, tenha uma alimentação saudável e se exercite moderadamente por alguns dias antes da apresentação ou atuação.

Também é muito bom fazer outras coisas para promover cuidados pessoais saudáveis e relaxar, especialmente antes de uma apresentação ou atuação. Para mim, essas outras coisas incluem uma massagem, fazer yoga, tomar banhos de banheira, descansar, dormir bastante e achar coisas que me façam sorrir ou gargalhar.

Também gosto de ouvir música e tenho certos CDs que passei a associar com sentimentos de força, poder e alegria. Eu normalmente escuto essas músicas por vários dias antes de me apresentar, assim como quando estou a caminho de uma apresentação. Para mim, certas músicas passaram a ser âncoras que me ajudam a acessar facilmente meus sentimentos internos de força, confiança e fé em mim mesma. É importante encontrar as coisas que criam para você estados de pico de relaxamento, energia positiva e confiança, e de fazer essas coisas ativamente antes de se apresentar ou atuar.

É também muito importante manter distância de coisas que causam letargia, dúvidas e agitação antes de se apresentar ou atuar. Isso inclui coisas como comer comida de baixo valor nutritivo ou pular refeições, tomar café, enrolar, correr de um lado para o outro apressadamente e ficar acordado até tarde para completar sua apresentação. Esses tipos de comportamentos aumentam a tensão, o estresse e a fadiga, e tornam muito mais difícil criar um estado de pico da mente e do corpo.

Criando um Corpo Relaxado e Habilidoso
Você também pode fazer alguns exercícios específicos para criar um estado de relaxamento em sua mente e corpo. Existem dois exercícios de relaxamento específicos que descreverei para este fim. Algumas pessoas talvez queiram procurar aprender sobre meditação, pois esta pode ser uma prática bastante eficaz para acalmar e centralizar a mente e o corpo. Enquanto faz esses exercícios, coloque uma música calma e serena para ajudá-lo a relaxar.

Método Progressivo de Relaxamento
O primeiro exercício é uma versão do método *Progressivo de Relaxamento*, desenvolvido por Edmund Jacobson. É um exercício de relaxamento clássico, usado eficazmente por várias pessoas. A melhor maneira de praticar esse exercício é procurar um local silencioso onde você poderá se deitar e não ser perturbado.

- Comece focando sua percepção na sua respiração. Tente limpar sua mente e mantenha o foco na sua respiração. Comece a fazer respirações profundas para se centralizar e iniciar o processo de relaxamento.

- Agora concentre sua atenção nos seus pés, nos dedos do pé. Tensione os músculos do pé e os dedos, e sinta a tensão. Solte e libere a tensão dessa parte de seu corpo, deixando que ela se dissolva no ar até evaporar.

- Continue fazendo o mesmo em cada área de seu corpo, indo, a seguir, para as nádegas, a área lombar, a parte superior das costas, ombros e pescoço, a área do estômago, a parte superior do peito, braços, mãos e dedos, boca e maxilar, nariz, bochechas e têmporas, os olhos, a testa e o couro cabeludo.

- Após ter tensionado, segurado a tensão e tê-la liberado em cada parte de seu corpo, tensione o corpo todo. Segure essa tensão, sinta-a e, com um suspiro longo e profundo, libere-a por todo seu corpo e a sinta dissipar-se no ar ao seu redor.

- Talvez você queira imaginar um fio de energia relaxante e curativa fluindo pelo seu corpo, do topo da cabeça passando por todos os órgãos, músculos e células, limpando e curando seu corpo no processo. Veja os resíduos de tensão ou estresse serem levados pelo fio de energia à medida que este se movimenta pelo seu corpo e é liberado pelos dedos dos pés.

Se possível, pare de ler e tente fazer este método por dez a quinze minutos antes de ler sobre o próximo exercício. Se não, volte para este exercício assim que possível e tente fazê-lo.

O Método de Treinamento Autogênico
Outro tipo de exercício de relaxamento é como uma forma de auto-hipnose, e é chamado de *o Método de Treinamento Autogênico*.

Ao usar este método, você estará fazendo as seguintes sugestões às partes diferentes de seu corpo: "Meu_____ está pesado, mole, solto e relaxado."

- É melhor começar com a cabeça e trabalhar daí para baixo, pensando silenciosa e lentamente: "Minha cabeça está pesada, mole, solta e relaxada." Segure por alguns instantes essa sensação e parta para as próximas áreas de seu corpo.
- "Meu pescoço e ombros estão pesados, moles, soltos e relaxados." Segure o sentimento e continue com: "Minhas costas estão pesadas, moles, soltas e relaxadas."
- Continue esse processo fazendo essas sugestões à sua área lombar, à sua parte superior do peito, aos seus braços, às suas mãos e dedos, à sua área do estômago, às suas nádegas, às suas coxas, panturrilhas e aos seus pés e dedos do pé. Segure o relaxamento em cada área de seu corpo antes de passar para a próxima área.
- Em seguida, sugira ao seu corpo: "Meu corpo está pesado, mole, solto e relaxado", e experimente essa sensação pelo corpo todo.
- O sentimento que você busca alcançar é o de sentir-se como uma boneca de pano, sem tensões musculares ou esforço. Você pode substituir as palavras sugeridas se achar que outras palavras serão mais eficazes para criar um relaxamento profundo em seu corpo.

Se possível, pare de ler agora e tente fazer este segundo exercício de relaxamento. Se não, tente fazê-lo assim que puder. Concentre-se nas sugestões e veja como você se sente com este exercício de relaxamento em comparação ao *Relaxamento Progressivo*.

Algumas pessoas acham que é difícil fazer esses exercícios sem serem verbalmente direcionadas. Se este é o seu caso, grave as instruções em uma fita. Ou compre um CD de relaxamento. Muitas pessoas preferem um desses exercícios ao outro. Algumas pessoas gostam de ambos igualmente e algumas pessoas não respondem muito bem a nenhum deles. Observe quais são as suas preferências e o que funciona melhor para você. Você poderá adaptar esses exercícios para que funcionem melhor para você, ou criar um exercício diferente para alcançar um estado de relaxamento. Você decide. Você poderá também usar uma versão abreviada desses exercícios sempre que precisar deles ao focar em uma ou algumas áreas de seu corpo que estão tensas e precisam de relaxamento. Lembre-se, tensão muscular faz parte da resposta para lutar ou fugir, e é útil ter um método para liberar essa tensão do corpo para dar o *feedback* ao seu sistema nervoso de que você está seguro e que não há necessidade de preparar seu corpo para uma resposta de sobrevivência.

Expressando os Estados Emocionais
Outro aspecto do corpo que precisamos prestar atenção é como seu corpo expressa seus estados emocionais. Quando você está tendo sentimentos de medo, ansiedade, tensão, preocupação e dúvidas, seu corpo tem certa postura e maneira de expressar essas emoções. Geralmente, você sente seu corpo se comprimindo para dentro e ficando duro e enrijecido. Você também poderá abaixar a cabeça e fixar os olhos no chão. Ou franzir a testa e tensionar certas partes do seu corpo. Tire alguns minutos agora para recriar a postura corporal e as expressões faciais que seu corpo normalmente assume quando você sente medo, ansiedade, tensão e dúvidas antes de falar ou atuar em público. Faça isso sentado, em pé e andando pela sala. Observe como seu corpo expressa essas emoções.

Agora imagine o nível mais alto de medo que você já sentiu ao falar ou atuar em público, talvez um estado de pânico ou pavor, e sinta como seu corpo expressa esse estado emocional intenso. Mais uma vez, tente fazer isso sentado, em pé e andando. Observe como seu corpo expressa esse estado emocional realçado. Relaxe o corpo e sacuda a tensão e rigidez que seu corpo acabou de sentir.

Agora, para contrastar, assuma a postura corporal e as expressões faciais que você normalmente teria quando está em um estado de pico. Imagine-se se sentindo muito bem, sentindo um estado calmo, relaxado e centrado. Imagine sentimentos de segurança e autoconfiança, de confiança em si e no mundo ao seu redor. Imagine-se em um estado totalmente capacitador, o sentimento de estar no fluxo. Conecte-se novamente a uma memória do tempo em que se sentiu assim. Se fizer tempo que você não se sente assim, imagine como seria. Crie e desfrute da expressão desses sentimentos em seu corpo. Sinta sua energia vital sendo expressa livremente pelo seu corpo. Observe o contraste em seu corpo quando você está em um estado emocional de pico em comparação a estar em um estado emocional de medo e dúvidas.

Como discutimos anteriormente, sua mente e corpo estão interconectados e um influencia muito o outro. Quando você está em certo estado emocional, este se reflete no seu corpo. E quando você assume certas expressões faciais e postura corporal, eles fornecem *feedback* à sua mente. Embora este processo seja geralmente automático, e seja algo que nós normalmente não prestamos atenção, podemos, na realidade, influenciar o estado em que estamos ao consciente e deliberadamente assumir certas expressões faciais e posturas corporais.

Eu gostaria que você praticasse algumas expressões faciais e posturas corporais que reflitam segurança, autoconfiança, relaxamento e energia positiva na próxima semana. Faça isso sentado, em pé ou andando. As chances são de que erguerá sua cabeça, seus olhos olharão para cima e você terá uma visão mais ampla, seu peito se estufará, seus ombros se levantarão, suas costas ficarão eretas, mas não tensas, seus músculos ficarão firmes, mas flexíveis, você terá um sorriso nos lábios, seu andar será forte e direcionado. Quando você faz deste um processo consciente, passa a ser outra maneira de influenciar a criação de um estado emocional mais positivo.

Você poderá consciente e deliberadamente adotar expressões faciais e uma postura corporal condizentes com um estado emocional positivo, calmo e confiante. Preste atenção aos gestos que você faz hoje que minam esse estado capacitador. Lembro-me de uma mulher em uma das minhas classes que tinha expressões faciais e corporais extremamente perceptíveis, que demonstravam alarme e pânico todas as vezes que ela ouvia dizer que tinha de fazer uma palestra. Podemos imaginar que essa postura corporal alarmada reforçava ainda mais sua percepção de ameaça e perigo, e acrescentava mais *feedback* ao seu sistema nervoso, o qual alimentava a resposta para lutar ou fugir.

Tente detectar se você tem algum padrão óbvio de expressões faciais e corporais que expressam medo e preocupação. Talvez você queira pedir a alguém mais íntimo a opinião dele/dela sobre isso, pois, muitas vezes, temos dificuldades em nos enxergar objetivamente. Se você tiver algum padrão detectável de resposta negativa em seu corpo, trabalhe consciente e deliberadamente para eliminar esse padrão, para que possa ficar livre para adotar expressões faciais e posturas corporais mais capacitadoras.

Criando uma Linguagem Efetiva
Outra expressão do nosso estado emocional é vista no uso da linguagem, em como nos expressamos verbalmente. Assim como nosso corpo expressa nossas emoções, nossa linguagem expressa e reforça certos estados emocionais. Quando temos medo, preocupações e dúvidas, nos expressamos diferentemente do que quando estamos nos sentindo relaxados, confiantes e seguros de si.

Assim como com a linguagem corporal, muitas vezes não estamos cientes de que o modo como estamos nos expressando verbalmente está, na realidade, reforçando e alimentando nosso estado emocional de medo e dúvidas. Por exemplo, quando é necessário falar ou atuar na frente de outras pessoas, é comum ouvir coisas como: "Ah, não, não vou conseguir fazer isso", "Talvez eu consiga sair dessa", "Não vejo a hora de isso acabar". Muitas vezes dizemos coisas como essas, ou até pior, sem pensar.

Cada vez que fazemos isso, reforçamos ainda mais nosso medo e dúvidas. Precisamos estar mais conscientes da linguagem que usamos para nos expressar verbalmente, e consciente e deliberadamente adotar um vocabulário mais capacitador. Em vez de alimentar nosso medo, precisamos escolher uma linguagem que irá nutrir os sentimentos de confiança, calma e segurança. Mesmo que não sintamos essas emoções positivas, precisamos agir como se as sentíssemos e dizer coisas que apoiam um estado emocional mais positivo e capacitador. Precisamos nos expressar mais calma e confiantemente quando enfrentamos uma situação para falar ou atuar em público. Podemos dizer coisas como: "Sim, será um prazer aceitar esta oportunidade para falar (ou atuar) em público. Obrigado!", "Aguardo ansiosamente a chance de falar (ou atuar) para seu grupo", "Tenho certeza de que tudo sairá bem".

Se estivermos falando com outras pessoas, ou conosco mesmo, precisamos ser positivos e fortes com nossa linguagem. Quando fazemos isso, na comunicação verbal e não-verbal, desenvolvemos nossa força emocional.

Agora reflita por alguns momentos sobre o modo como você se expressa verbalmente quando está em um estado de medo ou dúvidas. Observe as coisas que diz e veja como essas coisas reforçam ainda mais a perda de confiança e fé em si mesmo. Pratique dizer algumas coisas diferentes. Diga coisas que apoiam os sentimentos de calma, confiança, segurança e força que você quer desenvolver para si. Não se preocupe se, inicialmente, você não acreditar nas coisas que diz. É preciso tempo para recondicionar seu estado emocional, assim como leva tempo para desenvolver músculos quando você começa a se exercitar. Para desenvolver músculos emocionalmente, precisamos reforçar nosso estado mental positivo regularmente, sempre que possível. Nesse meio tempo, antes de acreditar em si completamente, aja como se acreditasse e expresse esse sentimento em uma linguagem mais positiva e capacitadora.

RESUMO

- A resposta para lutar ou fugir é o mecanismo natural do nosso corpo para nos proteger do perigo, e é acionado pela nossa percepção de perigo, seja este *real* ou *imaginário*. Nossa percepção de ameaça ou perigo psicológico em situações de discurso ou atuação em público é suficiente para acionar uma resposta para lutar ou fugir, a qual leva aos sintomas físicos que nos fazem sentir como se perdêssemos o controle.

- Precisamos trabalhar para mudar nossas percepções de discurso ou atuação em público para que não as interpretemos como situações inseguras. Quando pararmos de imaginar ameaças e perigos, a resposta para lutar ou fugir não será mais acionada, e começaremos a sentir que temos o controle da situação.

- Você pode usar várias técnicas para mudar suas percepções sobre o discurso e atuação em público, inclusive a *técnica do scrambling*, para perceber a situação com humor, e a *técnica da visualização*, para criar uma imagem mental positiva para falar ou atuar em público.

- Também é útil inspirar-se em modelos exemplares que demonstram estados mais capacitadores em relação ao discurso ou atuação em público. A identificação com modelos exemplares positivos pode ajudá-lo a expandir sua própria identidade e a desenvolver a *peak performance* em várias áreas de sua vida.

- É muito importante se envolver na prática de bons cuidados pessoais, especialmente antes de uma apresentação ou atuação. Elimine a cafeína de sua dieta, tente comer comidas saudáveis, faça exercícios moderados, faça coisas que lhe proporcionem relaxamento e divertimento, durma bem e descanse bastante.

- Considere usar os exercícios de relaxamento para reduzir a tensão muscular e relaxar a mente e o corpo. Você também pode fazer uma versão abreviada desses exercícios para liberar a tensão em áreas específicas de seu corpo.

- Preste atenção à fisiologia em seu corpo – sua postura corporal e expressões faciais reforçam seu estado emocional. Adote uma fisiologia que sustente um estado mental calmo e confiante.
- Preste atenção à linguagem que usa para se expressar – ela também reforça seu estado emocional. Use uma linguagem efetiva, que reforça os sentimentos de segurança, confiança e fé em si mesmo. Aja como se você acreditasse em si, mesmo que ainda não tenha chegado a esse ponto.

ETAPAS PARA AÇÃO

- Imagine que você seja um especialista, conhecido mundialmente, na criação de estados de medo, terror, pavor, dúvidas e desconfiança em si e nos outros quando precisa falar ou atuar em público. Imagine também que você foi contratado como consultor para compartilhar seu método secreto em criar um estado de pânico interno e terror. Escreva, detalhadamente, passo-a-passo, o procedimento a ser seguido para que ninguém consiga duplicar seu método infalível de criar terror interno. Inclua as coisas que pensa e diz a si mesmo, suas crenças e percepções sobre a ameaça e o perigo imaginado, as coisas medonhas que prevê que lhe acontecerão, o que você faz antes de uma apresentação ou atuação para criar tantas dúvidas e desconfianças, e o que você faz com seu corpo para criar tensão e reforçar ainda mais os sentimentos de desamparo e perda de controle. Divirta-se com este exercício da *Receita para o Desastre* quando você passar a apreciar o resultado inevitável de pânico e terror, com base em como você aborda a situação.
- Agora imagine que você não é mais aquele especialista em criar pânico e terror, e que você superou completamente seu medo de falar ou atuar em público. Você agora é um especialista, reconhecido mundialmente, no desenvolvimento de um estado

mental e corporal calmo e confiante. Imagine também que você foi contratado como consultor para ensinar seus métodos aprovados de sucesso nessa área. Usando o que aprendeu até agora, escreva detalhadamente, passo-a-passo, o procedimento que é a maneira certeira de desenvolver sentimentos de calma e capacitação em sua mente e corpo, confiança fé em si mesmo e nos outros, expectativas positivas e altos níveis de segurança e autoconfiança. Divirta-se com este exercício, reconhecendo que agora você tem a base que precisa para criar um estado habilitador e capacitador de mente e corpo para enfrentar qualquer situação que envolva falar ou atuar em público. Mantenha esta *Receita para o Sucesso* visível e revise-a diariamente nos próximos 10 dias, e frequentemente depois disso. Essa revisão regular irá ajudá-lo a acelerar sua curva de aprendizado e a recondicionar seu modo de pensar e responder a qualquer situação para falar ou atuar em público.

- Pratique a arte de falar ou atuar em público focando sempre na aplicação das estratégias aprendidas nestes capítulos. Crie uma situação onde você possa falar ou atuar na frente de um grupo de familiares ou amigos por dez ou quinze minutos em busca de prática e apoio, usando as mesmas diretrizes como nos exercícios anteriores para falar ou atuar em público. Lembre-se de atualizar sua Lista de Estratégias e usá-la como referência para as muitas coisas que estão disponíveis para ajudá-lo a reduzir sua experiência de medo e aumentar seus sentimentos de confiança e controle.

Sob os Holofotes

9

Chegando à Origem do Problema

Todos nós carregamos uma bagagem emocional conosco, seja ela relacionada aos nossos meios familiares, às nossas experiências anteriores com professores e colegas, ou às nossas experiências na adolescência e início da maioridade. Talvez tenhamos tido algumas experiências de vida dolorosas que não foram totalmente resolvidas. As dores anteriores estão relacionadas a um ou mais eventos traumáticos em nossas vidas, ou podem estar associadas a uma dor mais sutil, como a dor de receber críticas constantes e duras, de sermos julgados, disciplinados, desaprovados, ridicularizados, de não termos apoio ou encorajamento, ou de as pessoas esperarem muito de nós e sempre acharmos que não somos suficientemente bons.

Esses eventos anteriores na vida têm um papel importante em moldar a pessoa que você é, e eles afetam sua autoimagem e sua percepção dos outros. A dor mais profunda que passamos em relação aos eventos da vida em nosso passado pode não estar em nossas mentes conscientemente, mas pode ser projetada em nossas vidas presentes e refletir em uma luta pessoa atual. No caso do nosso medo para falar ou atuar em público, há uma fonte muito mais profunda para este medo e desconfiança em nós mesmos e nos outros. Há também uma fonte muito mais profunda para o nosso sentimento, tal como a falta de segurança em sermos quem realmente somos na frente de outras pessoas.

Em minha vida, tive várias experiências traumáticas que me levaram a me sentir insegura e sem apoio quando criança. Quando eu tinha 7 anos, minha mãe morreu, o que deixou um enorme vazio na minha família. Depois de sua morte, havia muito caos em minha família. Meu pai casou-se novamente e, por alguns anos, havia muito conflito e agitação em nossa casa. Meu pai e minha madrasta divorciaram-se depois de cinco anos de muito conflito e o processo de divórcio trouxe uma quebra ainda maior à família. Eu nunca dei muita atenção aos meus sentimentos sobre isso, e tentei me manter ocupada e deixar tudo isso para trás.

Quando tentei entender melhor a origem do meu medo de falar em público, passei a entender como meus sentimentos de medo e falta de segurança e apoio do meu passado estavam sendo transferidos para a situação atual de falar na frente de outras pessoas. Comecei a entender como eu estava, inconscientemente, projetando os sentimentos do meu passado para a situação presente, os quais estavam me levando a sentir uma perda de controle similar àquela que sentia quando criança. Mais especificamente, na situação de discurso em público, comecei a me sentir desamparada, sozinha e sem apoio, como me sentia quando criança. Eu temia o silêncio da plateia, olhando fixamente para mim. Eu associava essa situação com a tensão que sentia em minha casa quando acontecia o tratamento do "silêncio", pois sabia que algo ruim estava para acontecer ou havia acabado de acontecer. Eu costumava tentar me esconder para não ser o alvo de ira e raiva. Ficava esperando algo acontecer, ansiosamente antecipando que algo de ruim iria acontecer, o que geralmente acontecia. Minhas melhores chances de sobrevivência eram ser uma boa menina e ficar longe de problemas.

Em situações de discurso em público, eu projetava na plateia um poder similar ao que a minha família tinha sobre mim. Eu sentia o mesmo desamparo e perda de controle com a plateia que sentia com a minha família. Sentia a mesma desconfiança e falta de segurança com a plateia como sentia dentro da minha própria vida familiar. Eu tinha a necessidade de ser uma boa menina ao tentar ser perfeita em tudo, pois assim ninguém poderia encontrar alguma falha e se voltar contra mim. Eu sentia a mesma necessidade de agradar, pois assim ficaria no lado bom daqueles que poderiam me prejudicar. Resumindo, todas as vezes que estava em situações de discurso em público, era como se eu fosse aquela garotinha revivendo novamente minha vida familiar ameaçadora. Isso era tudo inconsciente, e eu nunca havia entendido a conexão até a alguns anos atrás, quando explorei mais a fundo a origem do meu medo. Quando consegui ver como eu estava sentindo novamente meus sentimentos passados mal resolvidos de medo e dor, consegui trabalhar a fonte original do meu medo e separá-la da minha experiência atual. Fiz terapia para poder endereçar as questões passadas em minha vida e poder lidar com a fonte mais profunda do meu medo e desconfiança. Esse esforço me ajudou a perceber as situações de discurso em público de modo mais preciso e realista com meu "eu" adulto, isso porque eu já não estava mais tão movida pelas associações amedrontadoras do meu passado.

Entendendo a Origem de seu Medo
Em minhas classes, faço um exercício escrito para ajudar os participantes a chegar à origem de seu medo de falar ou atuar em público. Algumas pessoas escolheram compartilhar comigo a origem de seus medos. Embora alguns tenham tido eventos na vida mais traumáticos, especialmente dentro de seus seios familiares, outros tiveram dores mais sutis associadas com constantes e duras críticas dos pais, pais que eram extremamente rígidos ou controladores, pais que eram críticos e tinham grandes expectativas que nunca poderiam ser satisfeitas, ou pais que desencorajavam e não davam apoio.

Outras pessoas tiveram famílias compassivas, mas experimentaram constrangimento e ridicularização de um professor ou de seus colegas. Pode haver uma experiência especificamente dolorosa do nosso passado ou haver uma série de momentos onde houve falta de carinho e apoio das pessoas mais queridas.

O motivo para se chegar à origem de nosso medo não é culpar pais, professores ou colegas pelos nossos problemas. É, sim, nos entendermos melhor e pararmos de nos culpar por termos esse problema. A ideia não é culpar alguém. É, sim, focar no melhor entendimento das circunstâncias de nosso histórico específico de vida que nos levaram à nossa vulnerabilidade para desenvolver esse tipo de problema.

Quando refletimos sobre nosso passado, é útil considerar as vezes em nossa vida que sentimos falta de controle; quando nos sentimos desamparados e impotentes; constrangidos, inadequados e incompetentes; com vergonha de nós mesmos e de nossas famílias; diferentes de todos; inseguros e incapazes de confiar nos outros; sem aprovação e aceitação; ou não sendo suficientemente bons.

Muitas vezes, por causa de nossas experiências anteriores de vida, sentimos vergonha de nós mesmos e da nossa vulnerabilidade. Achamos que somos diferentes, que temos algum defeito, que há algo de errado conosco. Muitas vezes, tentamos encobrir esses sentimentos, temendo que outras pessoas consigam enxergar através de nós e ver todas as nossas impropriedades. Na minha própria história, eu cresci me sentindo diferente porque não tinha mãe e tinha uma vida familiar bastante caótica. Eu sentia vergonha da minha família e de mim mesma. Eu não queria que ninguém soubesse como as coisas eram ruins em minha casa porque sentia que isso refletiria em mim. Achava que havia algo errado comigo porque havia algo errado com a minha família. Nunca gostei de falar muito sobre mim porque achava que seria duramente julgada.

Eu geralmente me sentia confortável interagindo com pessoas na base do um a um, ou casualmente em grupos pequenos, porque sentia que tinha mais controle dessas interações e poderia avaliar como as pessoas respondiam a mim. No entanto, eu nunca me senti confortável diante de grupos grandes em ambientes formais, isso porque sentia que não teria controle dessas interações. Eu tinha medo da visibilidade, de ficar na frente das pessoas. Eu sentia como se estivesse em uma vitrine para todos olharem e julgarem. Eu sentia como se eu fosse transparente e que seriam reveladas coisas sobre mim que eu não queria que as pessoas soubessem. Eu temia, especialmente, que a plateia pudesse ver como eu estava com medo e achasse que realmente havia algo errado comigo. O silêncio do grupo, com todos os olhos voltados para mim, me fazia sentir como se estivesse sendo observada de perto e que as pessoas poderiam não me ver forte e capaz como eu queria aparentar. Eu tinha vergonha de não me sentir forte na frente dos outros, e tinha medo que eles pudessem se aproveitar da minha vulnerabilidade ou sentirem pena de mim.

Já ouvi falar de pessoas que se sentem mais confortáveis com grupos grandes e sentem-se ameaçadas quando interagem na base do um a um ou em pequenos grupos. Ao conversar com essas pessoas, é interessante ver que o reverso é verdadeiro para elas. Elas sentem mais medo de serem vistas tão de perto e serem julgadas quando estão interagindo na base de um a um ou em grupos pequenos. Elas sentem menos medo na frente de grandes grupos porque acham que conseguem esconder seu verdadeiro "eu" mais facilmente em grupos maiores, mais impessoais.

Embora a ameaça se apresente diferentemente, continua sendo o mesmo medo de não ter controle sobre o que as pessoas pensam sobre nós. Ele reflete a mesma vergonha profunda por sentirmos que não somos suficientemente bons e o medo de que os outros descobrirão isso sobre nós. Como mencionei em um capítulo anterior, esse sentimento coincide com uma autoestima basicamente boa, pelo menos quando estamos operando dentro da nossa zona de conforto e temos controle sobre nós e nossas atividades. Entretanto, quando saímos dessa zona de conforto, nossa autoestima é testada, e os sentimentos de dúvidas e inadequação podem se mostrar. Era isso que acontecia comigo. Eu geralmente sentia-me capaz e competente na maioria das áreas da minha vida, mas quando era exposta a uma plateia, perdia o contato com minha segurança e me via fraca e vulnerável, o que prejudicava a minha autoestima.

Embora algumas pessoas tenham sofrido o medo de falar ou atuar em público a vida toda, outras pessoas desenvolveram esse medo anos após se sentirem relativamente confortáveis nessa arena. Especialmente para o último grupo de pessoas, é útil explorar as circunstâncias de sua vida atual e de seu passado recente em busca de ideias sobre o que poderia ter desencadeado esse medo nesse momento. Pode ser que algum tipo de estresse tenha feito com que o medo emergisse agora em sua vida. Embora estresses atuais possam ter desencadeado esse medo, é também útil explorar seu histórico em busca de experiências anteriores dolorosas que possam ter preparado o cenário para o desenvolvimento desse tipo de problema.

Talvez você já tenha pensado na origem de seu medo de falar ou atuar em público, ou talvez seja novidade para você. Embora o *insight* seja útil, e sozinho raramente muda sua experiência emocional. Seria mais útil se você pudesse se conectar emocionalmente com suas experiências passadas e sentir a dor que sentiu naquela hora, com a compaixão profunda que sente por si. É fortalecedor quando você consegue estar com aquela dor e se acalentar através dela com uma atitude carinhosa e de compaixão para consigo mesmo. É importante chegar à origem de seu medo e desconfiança de si e dos outros, da sua vergonha e de seu sentimento de não ser suficientemente bom, de seu medo de ser visto e ouvido, e de sua crença de que as pessoas irão julgá-lo duramente e não aceitarão quem você é.

Assim como com todas as outras coisas, faz sentido lidar com a raiz do problema em vez de tentar remediar os sintomas. Se isso parece muito esmagador para ser feito por conta própria, eu recomendo que você procure aconselhamento para lidar com a dor anterior em sua vida e resolver esse problema por completo. Para algumas pessoas, esse exercício poderá mexer com muitos sentimentos dolorosos, alguns dias ou semanas mais tarde. Se isso estiver acontecendo com você, considere procurar aconselhamento para ajudá-lo a trabalhar essas questões.

Se achar que consegue fazer essas descobertas por conta própria, é importante ter pelo menos uma pessoa com a qual você poderá compartilhar seus sentimentos. Considere quem será essa pessoa e converse com ela sobre o que você estará fazendo. Pergunte se você pode compartilhar com ela um exercício escrito que fará para poder entender melhor a origem de seu medo de falar ou atuar em público. Esta pessoa não precisa fazer nada a não ser ouvir e conversar com você de maneira positiva e carinhosa. Ela não deve tentar analisar sua situação ou resolver seus problemas. Ela apenas precisa estar lá para ouvir *sua história* e apoiá-lo na sua tentativa de ir além da dor do seu passado, para que você não tenha de carregar mais essa bagagem emocional.

Indo Além das Dores do Passado
Para fazer este exercício, encontre um lugar onde você não será perturbado ou pressionado a fazer algo. Reserve de 30 a 60 minutos, embora talvez você não precise de todo esse tempo. Se você acha que precisa de mais tempo, continue por mais de uma hora ou reserve outro horário para completar o exercício. Talvez você queira fazê-lo em silêncio ou escutando uma música suave para criar uma atmosfera de reflexão. Não deixe que outras pessoas o perturbem, e não pare o exercício para atender o telefone ou por qualquer outra distração. Muitos de nós nos sentimos bastante desconfortáveis sentados sozinhos e fazendo esse tipo de reflexão, e temos vontade de criar distrações em nosso ambiente ou responder a elas. Pare o que você estiver fazendo e concentre-se totalmente no exercício. Pegue lápis e papel e procure um local confortável para escrever.

Antes de começar este exercício escrito, leia as instruções por completo. Comece fechando seus olhos e fazendo exercícios de respiração profunda para relaxar sua mente e corpo. Comece a pensar na história de sua vida desde o começo, voltando no tempo o máximo possível. Lembre-se das vezes em que você sentiu:

- Medo, insegurança ou se sentiu preso a uma situação da qual não conseguia sair;
- Desaprovação, não-aceitação ou inadequação de alguma forma;
- Duramente criticado ou humilhado;
- Desamparado, impotente ou sentiu uma perda de controle sobre o que estava acontecendo ao seu redor;
- Constrangido, envergonhado ou não se sentiu suficientemente bom;
- Diferente e que não pertencia àquele lugar;
- Que você nunca conseguia fazer o suficiente ou ser suficiente para satisfazer os outros e que você era uma decepção para eles.

Reflita também sobre seu passado recente e as circunstâncias da vida atual, pensando sobre estresse e pressões que você sofre neste estágio da sua vida. Quando se sentir conectado com sua experiência de vida, passada ou presente, abra os olhos e comece a escrever. Não se preocupe com organização, gramática ou pontuação na sua escrita. Sua escrita deve refletir uma associação livre de sua experiência de vida e seus sentimentos sobre como esta te afetou. Talvez você escreva sobre uma situação ou evento específico, ou sobre muitas coisas diferentes. Não se preocupe sobre estar certo ou errado nessa busca. Tente conectar-se com quaisquer emoções intensas que deram início a este exercício. Em vez de fazer o exercício de maneira desprendida, intelectual, permita-se se conectar emocionalmente e compassivamente com sua dor e luta interna, pois é aí que estão as maiores curas potenciais. Lembre-se, se você não estiver emocionalmente pronto para fazer este exercício por conta própria, não o comece e procure ajuda profissional.

Depois que começou a escrever, você poderá se sentir confuso e inseguro à medida que se aproxima da origem do problema. Apenas confie nos seus instintos e continue escrevendo. Deixe alguns lenços de papel por perto, pois você poderá chorar quando sentir a dor das experiências sobre as quais está escrevendo. Se quiser chorar, não tente segurar as lágrimas, como fez no passado. É fortalecedor sentir seus verdadeiros sentimentos e poder expressá-los totalmente.

Lembre-se, não estamos aqui para apontar dedos, ou culparmos nossos pais ou qualquer outra pessoa pelos nossos problemas. Estamos simplesmente tentando entender e nos conectar com uma parte mais profunda de nós mesmos, aquela que mantém a origem de nosso medo e vergonha. Quando fazemos esta conexão mais profunda com nosso interior é que temos maiores chances de nos curarmos da dor que deu vazão ao nosso medo de falar ou atuar em público. Quando comecei a expressar as experiências dolorosas do meu próprio passado e me conectei com a enorme falta de controle que sentia na época, consegui ser livre para me conectar mais ao meu presente como adulta. Consegui deixar de lado meus sentimentos de desamparo e impotência sentidos pela criança que fui um dia.

Após completar seu exercício escrito, tire o mais rápido possível um tempo para compartilhá-lo com a pessoa que está lhe dando apoio, enquanto tudo isso ainda está fresco na sua cabeça. Explique a essa pessoa que você simplesmente quer que ela, primeiramente, escute, sem interrupções, e depois responda de maneira carinhosa e compassiva o que vier naturalmente a ela. É importante escolher alguém que não esteja emocionalmente envolvido com o que você escreveu, porque você precisa que ela preste atenção aos seus sentimentos e percepções, e não se prenda aos seus próprios sentimentos. É também importante escolher alguém que você acredite que tenha a capacidade de ser compassivo e lhe dar apoio. Depois de ler o que escreveu para essa pessoa, compartilhe quaisquer sentimentos ou pensamentos adicionais com ela antes de ela fazer qualquer comentário. Compartilhe os tipos de crenças e significados que você criou para si mesmo, para os outros e para o mundo, com base nas suas experiências de vida. Diga como você acha que sua resposta a essas experiências de vida podem ter originado a fonte do seu medo atual de falar ou atuar em público. Compartilhe com ela um conjunto possível de novas crenças e significados que poderão libertá-lo de qualquer luta interna ou aflição pela qual tenha passado. Após ter discutido tudo isso com a pessoa, rasgue sua escrita como um gesto simbólico de deixar o passado para trás e abrir um espaço novo para criar seu presente e futuro. Se não quiser rasgá-lo, guarde-o em um lugar fora do alcance, para que este não seja uma parte do seu passado na vida presente. Mais tarde, talvez você queira se desfazer dele, pois perceberá que não precisa mais se ater às dores do passado. A mensagem para você é que o passado passou e agora você pode criar um presente e um futuro da sua escolha, não ditados pelas circunstâncias passadas.

É preciso muita coragem para fazer este exercício, isso porque a maioria das pessoas evita sentir dor emocional ou desconforto. Embora este exercício não seja essencial para administrar ou reduzir seu medo de falar ou atuar em público, eu o recomendo para aqueles que querem ir mais além, descobrir a origem de seu medo e trabalhar para curar as dores anteriores às quais você possa estar se agarrando. O exercício escrito em si pode ser apenas o começo desse processo, e talvez você queira escrever mais, ler mais ou procurar aconselhamento para resolver totalmente seus sentimentos sobre suas dores passadas. A solução dessa dor acontece quando você:

- Identifica as experiências dolorosas na sua vida;
- Encontra-se com essa dor de maneira carinhosa e positiva;
- Compartilha essa dor com alguém em quem você confia;
- Entende o significado e as crenças que você criou sobre você mesmo, os outros e o seu mundo;
- Desprende-se dessa dor e trabalha para desenvolver significados novos e mais capacitadores, e interpretações do seu ponto de vista de adulto.

Através desse processo, você consegue se conscientizar sobre o que está levando seu medo para um nível mais profundo, e ter mais controle sobre os significados que você atribui às circunstâncias de sua vida.

A maioria das pessoas em minhas classes aprendeu muito com este exercício, isso porque elas passaram a entender e compartilhar a conexão entre as dores passadas e seu medo atual de falar ou atuar em público. Ocasionalmente, alguém não consegue se lembrar muito de alguma dor que tenha sentido no passado, e pode se frustrar com este exercício. Se isso acontecer com você, não se desespere! Aceite esse fato e permaneça aberto para fazer qualquer coisa que lhe ocorra durante o caminho a respeito da conexão da sua história passada com a recente. Talvez você não tenha passado por algo especificamente doloroso, mas, em vez disso, sentiu-se algumas vezes frustrado, assoberbado ou confuso, o que o levou a perder a fé em si mesmo. Se você não conseguir pensar em nada, não force a barra. Em vez disso, considere revisar este capítulo e tentar fazer este exercício novamente no futuro.

RESUMO

- Nossa experiência de vida, dolorosa e passada, pode ser projetada em nossa experiência presente ao falar ou atuar em público, criando sentimentos similares àqueles que experimentamos no início de nossas vidas.

- Esse processo é geralmente inconsciente e muitas vezes não estamos cientes da conexão entre a nossa dor passada e a nossa luta atual para falar ou atuar em público.

- É útil entender a fonte de nossa desconfiança e medo profundo para podermos resolver as questões do nosso passado e não mais projetá-las em nossa experiência presente.

- É útil compartilhar *sua história* com uma pessoa que lhe dê apoio, alguém em quem você confie. É importante que você não tente fazer este trabalho interno sozinho se se sentir assoberbado por ele. Recomendamos que você procure aconselhamento se este for o caso, ou se quiser trabalhar mais a fundo para melhor entender e curar as dores passadas em sua vida.

- Se seu medo emergiu recentemente, é útil refletir sobre estresse e pressões em seu passado recente que possam ter desencadeado esse medo. Também é útil fazer alguns exercícios escritos e explorar quaisquer circunstâncias passadas de vida que possam ter feito com que você ficasse vulnerável para desenvolver esse tipo de medo.

ETAPAS PARA AÇÃO

- Faça o exercício descrito neste capítulo se você estiver pronto para fazer uma busca interna da fonte da sua dor associada a falar ou atuar em público. Após compartilhar sua história com uma pessoa que lhe dê apoio, discuta onde as conexões podem estar em relação ao que você passou na sua vida, e o que você projeta na situação de falar ou atuar em público. Considere uma interpretação e significado novos e mais habilidosos para os desafios da sua vida, com base nas suas perspectivas e entendimentos de adulto.

- Escolha um local silencioso. Feche os olhos e volte às memórias desconfortáveis de seu passado, ou conflitos internos recentes pelo quais possa ter passado. Agora crie uma história, uma em que *você* esteja no controle. Na sua imaginação, crie uma nova memória da sua história, onde você tem o poder e o controle sobre o que está acontecendo, em vez de se sentir desamparado e vulnerável. Ou crie uma nova imagem de seus estresses e pressões recentes, e se veja lidando com a situação de maneira eficaz e confiante. Procure ajuda profissional caso se sinta assoberbado por este exercício ou se quiser fazer este trabalho mais adiante.

Sob os Holofotes

10

Superando a Autoconsciência e a Inibição

Eu, muitas vezes, me sentia como uma adolescente inibida e desajeitada sempre que tinha de falar na frente de pessoas. Os anos de adolescência são frequentemente caracterizados pelos anos de insegurança e muitas dúvidas. Normalmente, há um foco extraordinário sobre o que as pessoas pensam de nós, especialmente nossos colegas, e o medo de não sermos queridos ou aceitos. Geralmente, nos preocupamos com a rejeição e a incerteza sobre quem realmente somos. Muitas vezes nos sentimos diferentes, como se não pertencêssemos àquele lugar. Há também um enorme foco na percepção de si mesmos, achamos que o mundo gira ao nosso redor. Como adolescentes, nos preocupamos em como parecermos aos olhos dos outros e raramente, ou nunca, nos preocupamos com os sentimentos e as necessidades dos outros.

Agora, como adultos, é a hora de crescermos além desse estado de inibição, em que temos medo de ser vistos e ouvidos pelos outros. O medo da visibilidade, ou o medo de ser o centro das atenções, é um dos medos mais profundos que temos quando pensamos em falar ou atuar em público. Temermos que as pessoas possam nos desmascarar e ver todos os nossos medos e inadequação. Temos vergonha por termos fraquezas, e tememos que as pessoas descubram a vulnerabilidade profunda que reside em nós. Não confiamos suficientemente nas pessoas para poder lhes mostrar nossa vulnerabilidade. Tememos que elas não nos aceitem, e possam até tirar vantagens disso. Ficamos com a guarda levantada e não queremos que as pessoas nos vejam tão de perto. Tememos não conseguir controlar o que as pessoas pensam quando estamos à mostra na frente da plateia.

Temos muito medo de perder o controle e geralmente tentamos nos controlar e controlar as situações a nosso redor. Temos medo de que não conseguiremos nos controlar, ou controlar os outros, quando estamos em uma situação que envolva falar ou atuar em público. Quanto mais tentamos ansiosamente assumir o controle, mais tememos a perda de controle, o que alimenta ainda mais os sentimentos de desamparo e pânico. Isso nos aterroriza porque não acreditamos que estaremos seguros e nos sairemos bem da situação se não tivermos controle. Isso se torna um ciclo vicioso – nossa forte necessidade para ter controle alimenta nosso medo profundo de perder o controle.

Quando estamos nesse estado de medo, acabamos ficando constrangidos e inibidos em nossa apresentação. Temos muito medo de cometer erros ou de fazer algo errado. É como se estivéssemos andando na corda bamba, suspensos no ar, sem proteção ou apoio. Temos medo de dar um passo em falso e cairmos para a morte. Temos medo de expor nosso verdadeiro "eu" e de achar que temos de ser alguém que não somos.

Um dos meus maiores medos é o medo de ser vista como inadequada. Sempre foi muito importante para mim parecer e agir como uma pessoa muito madura, profissional e bem equilibrada. Eu temia profundamente a perda de respeito e credibilidade se me comportasse de maneira que não fosse aceitável para as outras pessoas. Tornei-me muito constrangida e inibida na maneira como me apresentava, acreditando que eu tinha de ser de certa maneira para ganhar a aceitação e a aprovação dos outros. A ideia de que o meu medo poderia ser visto pelos outros me aterrorizava. Toda a minha energia era usada para parecer calma e controlada. Eu tentava desesperadamente parecer bem para que os outros me aceitassem e me aprovassem. Uau! Que uso desperdiçado de energia preciosa de vida.

Saindo da Zona de Conforto
Uma das maiores conquistas para mim foi quando consegui sair da minha zona de conforto e me permitir fazer algo inapropriado e fora do comum. Algo que me ajudou imensamente superar meu medo da visibilidade em frente a um grupo foi um exercício que fiz em um *workshop* de desenvolvimento pessoal, do qual participei alguns anos atrás. Como parte do exercício, fiquei de pé na frente de um grupo grande e permiti que este me visse totalmente, sem trocar uma palavra. Quando olhei o grupo, com aproximadamente 80 pessoas, fiquei aterrorizada. Senti-me muito tensa, desajeitada e inibida. À medida que continuava o exercício, fui além da minha inibição e comecei a ver uma mudança dramática na minha percepção de mim mesma e dos outros. Comecei a sentir o amor, a aceitação e o carinho do grupo; e comecei a me conectar com as pessoas de uma maneira mais genuína e autêntica do que jamais havia experimentado antes. Depois de alguns minutos, eu estava sobrepujada pela emoção e comecei a soluçar na frente do grupo. Em vez de me sentir constrangida, senti a cura de muita dor naquele momento. Percebi que havia tentado ficar escondida por muitos anos, não confiando que as pessoas poderiam me aceitar se elas vissem minha vulnerabilidade. Eu agora estava saindo do esconderijo e estava segura! Eu me senti aceita e apoiada pelos outros, e senti que pertencia àquele lugar.

Através desse exercício, consegui me libertar da minha maior preocupação, ser aceita e aprovada pelos outros. Eu acreditava que precisava me provar constantemente para ser aceita e para sentir que tinha o direito de estar na frente dos outros. Comecei a mudar minha percepção sobre mim e sobre como os outros me viam. Em vez de sentir que eu tinha de trabalhar muito para conseguir a aceitação das pessoas, comecei a confiar que sou uma pessoa aceitável, que pertenço e tenho o direito de estar na frente de outras pessoas. Comecei a me sentir segura em ser quem realmente sou e não sentia que precisava estar sempre me provando. À medida que me sentia mais segura na frente das pessoas, não sentia mais a necessidade de estar no controle, nem o medo de que o perderia. Sentia que eu podia ser mais genuína e real. Também comecei a aceitar o carinho e apoio que a plateia tinha a me oferecer.

Em minhas classes, fazemos o exercício da visibilidade, focando na criação de uma conexão mais profunda entre os membros do grupo através do contato visual, sem palavras. É um exercício poderoso. Inicialmente, há o sentimento de pavor na sala quando descrevo o que eles farão. A maioria das pessoas acha esse exercício desajeitado e desconfortável. Embora isso seja verdade, muitas delas me disseram que este foi um dos exercícios mais poderosos para quebrar a barreira entre elas e os outros, reduzindo o medo de ser visível na frente de um grupo.

Quando você começa a se conectar com as pessoas em um nível mais genuíno e real, sentindo o apoio e aceitação delas, começa a se sentir mais seguro. Isso não quer dizer que todas as pessoas na plateia são compassivas e receptivas. Quando estou na frente de uma plateia que não é muito receptiva, eu me sintonizo mais com qualquer energia positiva que possa estar na sala, e foco na criação daquela energia sempre que possível. Em vez de me sentir ameaçada por uma plateia não receptiva, eu agora vejo a oportunidade de tentar entender de onde a negatividade está vindo e de ajudá-los a reduzir sua postura defensiva transformando-a em uma postura mais aberta e receptiva. Agora que sinto uma aceitação mais incondicional de mim mesma, não me esforço mais para ganhar a aceitação da plateia. Preocupo-me mais com que a plateia esteja em um estado mais positivo e receptivo para poder obter o máximo da experiência. Quero que eles saiam da experiência sentindo-se valorizados e que a mesma faça a diferença em suas vidas.

O Risco de Parecer Estúpido
Outra grande conquista para mim foi quando me permiti parecer inadequada e estúpida na frente de um grupo. Hoje tenho outra definição para isso. Em vez de ter medo de perder o respeito e parecer estúpida se fizer algo fora do comum, passei a perceber que fazer algo novo e imprevisível pode, realmente, acrescentar novo interesse e energia ao grupo. Ao reduzir minhas próprias inibições e ser brincalhona com a plateia, permiti que eles reduzissem suas próprias inibições e se relacionassem comigo como uma pessoa de verdade. Isso até aumenta minha conexão com o grupo e nivela o campo para que o grupo possa se relacionar melhor comigo. Isso também traz riscos e diversão ao grupo, o qual quebra barreiras e adiciona mais coesão ao grupo.

Tentei fazer esse exercício pela primeira vez com um grupo de executivos com quem falei sobre Gestão do Estresse. Era uma reunião comercial formal, e eu estava tentando pensar em um meio de fazer algo imprevisível e divertido, dentro dos limites apropriados para aquele ambiente. Surgi com algo totalmente fora da minha definição de impropriedade, o que me deixou um pouco desconfortável, mas o fiz assim mesmo, a fim de ser mais brincalhona e mais real com a minha plateia. Na metade da minha fala, compartilhei com eles uma das minhas maneiras favoritas de administrar o estresse. Tirei uma foto da minha adorada cachorra, Célia, uma golden retriever, e à medida que passava a foto adiante, descrevia o conforto e calma que sinto com ela. Disse a eles que muitas vezes eu a levo ao trabalho comigo, o que tem um efeito tremendo em reduzir o estresse no meu ambiente de trabalho. No passado, eu hesitaria em revelar a um grupo algo tão pessoal, e eu teria julgado inapropriado mostrar a foto da minha cachorra ao grupo de executivos ao qual falava. Dessa vez, eu não me importei se estava sendo inapropriada porque meu propósito era criar uma conexão mais real com o grupo, e criar diversão e energia positiva desde o começo. Quando fiz isso, percebi que as faces inexpressivas e distantes começaram a amolecer e a se iluminar, trazendo sorrisos às faces das pessoas. Deu certo! Eu havia feito uma conexão humana com essas pessoas, e depois disso eles pareciam mais responsivos e interessados em ouvir o que eu tinha a dizer.

Reduzindo a Inibição
Em minhas classes, peço aos participantes que façam um exercício para reduzir a inibição e criar uma energia leve e divertida com o grupo. Eu o chamo de *o exercício ultrajante*, onde peço aos participantes que façam algo na frente do grupo que não seja do feitio deles e que os faça sentirem-se estúpidos. Os membros da classe geralmente acham que esse exercício e o exercício da visibilidade são os exercícios mais difíceis, porém os mais úteis. Esses dois exercícios nos tiram de nossa zona de conforto e rapidamente começam a quebrar as barreiras da inibição. O exercício ultrajante nos permite parecer estúpidos e saber que isso não importa. O que importa é que podemos ser energéticos, imprevisíveis, brincalhões, divertidos e divertir nossa plateia. Ele acorda a plateia, e gera interesse e energia dinâmica na sala. Desse modo, estamos nos expressando diferentemente do que quando estamos tensos, nervosos, extremamente sérios e mesmo taciturnos, tentando não cometer erros ou parecer estúpidos. Quando começamos a quebrar nossas barreiras e a sairmos da caixa do nosso jeito estereotipado de se comportar na frente de uma plateia, nos sentimos totalmente livres. Um participante referiu-se a este como sendo "como um pássaro engaiolado que foi solto".

Não estou sugerindo que você entre em qualquer evento para falar ou atuar em público pronto para fazer algo estúpido ou inapropriado. Estou sugerindo que você se permita se expressar mais espontânea e criativamente, sem se preocupar com o medo de parecer estúpido. Também estou sugerindo que considere meios em que possa se energizar, e à plateia, ao fazer coisas que são espontâneas, brincalhonas e divertidas.

RESUMO

- Muitas vezes, nos sentimos como adolescentes desajeitados e inibidos quando nos apresentamos na frente de um grupo, temendo não ser querido ou aceito pelos outros.

- O medo da visibilidade é um dos medos mais profundos que sentimos. Tememos que as pessoas consigam nos desmascarar e ver todos nossos medos e inadequações. Não confiamos suficientemente em nós mesmos para permitir que outros vejam nossa vulnerabilidade.

- Nossa forte necessidade de termos controle sobre nós e sobre a nossa situação alimenta nossos sentimentos profundos de perda de controle. Quanto mais ansiosamente tentamos ganhar controle, mais tememos a perda de controle, o que alimenta os sentimentos de desamparo e pânico.

- Quando estamos nesse estado amedrontador, nos tornamos mais contraídos e inibidos. Tentamos ser quem não somos. Precisamos nos sentir seguros sendo quem realmente somos na frente das pessoas, e não sentir que temos de nos provar como aceitáveis e valorizáveis.

- Nossas maiores conquistas vêm quando podemos ser reais e genuínos na frente dos outros, e nos relacionar à realidade e sinceridade deles.

- Quando nos permitimos parecer estúpidos e inapropriados na frente dos outros, temos um sentimento de liberdade. Isso expressa nossa energia criativa e nos permite sermos espontâneos e brincalhões, pessoas que adoram se divertir. Isso também permite que a plateia abaixe suas barreiras e participe mais aberta e livremente.

ETAPAS PARA AÇÃO

- É tentador pular os exercícios nessa seção. Se você estiver se sentindo assim, reconecte-se com seu compromisso anterior de fazer o que for preciso para superar o medo. Embora esses dois exercícios provavelmente façam com que você se sinta muito desconfortável, eles também têm o potencial de trazer as maiores recompensas em termos de reduzir sua inibição.

O Exercício da Visibilidade

Reúna um grupo de cinco ou mais pessoas; podem ser amigos, familiares, colegas de trabalho, vizinhos ou qualquer outra pessoa. Não vale animais de estimação!

Em pé, organize as pessoas sentadas à sua frente, com uma distância suficiente para que você possa vê-las e elas possam te ver. Diga-lhes que você está trabalhando para reduzir seu medo de ser o centro das atenções e o seu medo de parecer estúpido.

Diga-lhes que, nesse exercício, vocês farão apenas contato visual e ninguém deverá falar. Faça um contato visual, focado, com cada pessoa, até que você se sinta profundamente conectado com cada uma delas e sua humanidade. Quando você olhar para cada pessoa, conecte-se com o que você gosta ou admira nele/nela. Conecte-se com a singularidade de cada uma delas, assim como elas se conectam com a sua. Permita-se ser vulnerável e receber amor e apoio de cada uma delas. Do mesmo modo, conecte-se com a vulnerabilidade humana mais profunda de cada pessoa, e ofereça amor e apoio a cada uma delas. Sinta uma energia curativa passando de você para cada pessoa no grupo.

Mantenha o contato visual tempo suficiente até perceber que você foi além do constrangimento inicial e está agora se relacionando com cada pessoa em um nível mais profundo, mais genuíno. Quando se sentir constrangido, converse consigo mesmo para sentir-se amparado. Crie uma linguagem corporal que favoreça a abertura e a receptividade dos outros.

Não faça este exercício às pressas! Se você se sentir incompleto em relação a qualquer indivíduo, ou ao grupo todo, volte e continue fazendo-o até sentir-se tranquilo com a conexão que você está fazendo com os outros. Após acabar este exercício, deixe que o grupo saiba o que você acabou de experimentar e os agradeça por terem proporcionado um ambiente seguro para você fazer este exercício. Dê-lhes também a oportunidade de compartilhar com você suas experiências e como eles se sentiram com a participação neste exercício.

Embora este exercício seja bastante desafiador, o próximo exercício provavelmente irá movê-lo ainda mais para fora da sua zona de conforto. Lembre-se, quanto mais desconfortável for o exercício, mais potencial há para quebrar as barreiras!

O Exercício Ultrajante
O que geralmente fazemos nas aulas é pedir à pessoa na frente do grupo que faça algo tolo e que normalmente não é de seu feitio. Ofereço a opção de dançar na frente do grupo, o que muitas pessoas relutam em fazer porque se sentem inibidas e estúpidas. Ou elas escolhem alguma outra coisa que as faça sentir estúpidas e tolas, como cantar ou atuar.

Embora os participantes, em sua maioria, sintam-se inicialmente tímidos em fazer isso, eles acabam se divertindo, criando uma energia alegre e divertida na sala. O grupo acaba rindo muito com este exercício, isso porque parece que todos se beneficiam com a quebra das barreiras da inibição e rigidez. Coloco músicas ridículas para dançar e peço às pessoas que sejam bastante tolas e divertidas.

Permita-se fazer o mesmo na frente do grupo. Se você escolher dançar, toque uma música que fará com que você se solte.

Esteja preparado com música e aparelho de som. Tenha bastante espaço ao seu redor para o que quer que tenha escolhido fazer. Observe as pessoas te observando e brinque com sua plateia. Mantenha o contato visual com os membros do grupo enquanto se comporta assim. Delicie-se com seus sorrisos e risadas. Ria muito e divirta-se, liberando, assim, suas inibições. Sinta-se livre para se expressar criativamente. Não apenas faça o mesmo movimento de maneira robótica. Solte todas as inibições que lhe impedem de se expressar livremente na frente de outras pessoas. Arrisque-se parecer estúpido e saber que isso não importa!

Você pode ser quem você é e desfrutar dessa nova energia de vida que liberou. Após ter se comportado de maneira tola na frente de outras pessoas por pelo menos 2 minutos, pare e compartilhe com o grupo o que sentiu, e agradeça por terem lhe proporcionado um ambiente seguro para você agir estúpida e inapropriadamente. Permita-lhes a oportunidade de compartilhar o que elas sentiram em você durante este exercício e como se sentiram por participar.

Após fazer esses dois exercícios, muitos participantes experimentam um sentimento de liberdade das profundezas da inibição que mantinham por anos. Talvez você queira repetir esses exercícios com o mesmo grupo, ou mesmo com um grupo diferente, para se dessensibilizar ainda mais ao medo de ser o centro das atenções e parecer estúpido.

Sob os Holofotes

11

Criando Novas Possibilidades

Estamos acostumados a sentir um desconforto tão grande para falar e atuar em público, ou mesmo de pensarmos sobre isso, que parece virtualmente impossível sentir qualquer tipo de alegria ou prazer associado a isso. O que a maioria de nós espera é que o medo desaparecerá e conseguiremos passar pela experiência sem pânico ou pavor. É importante expandirmos nossa visão e sabermos que podemos fazer muito mais do que isso. Podemos realmente gostar da atividade de falar ou atuar em público!

Nós imediatamente pensamos: "Eu nunca vou conseguir me sentir assim", o que nos impede de tentarmos passar para o próximo nível. Antigamente eu acreditava que de maneira alguma eu iria gostar de falar em público. Havia criado limitações na minha autoimagem que não me permitiam gostar de ser o centro das atenções ou de me sentir suficientemente valorizada para estar em uma posição de liderança e falar com os outros. Em certo momento, reconheci que era eu quem estava criando essa barreira, e não havia motivo para eu não ser alguém que gostasse de falar em público. Essa foi uma revelação e tanto! Comecei a expandir minha definição de mim mesma e tive uma visão de mim como sendo alguém que desfrutava da experiência de falar na frente das pessoas. Descobri ser possível mudar minha autoimagem e me tornar a pessoa que queria ser, basta querer muito isso.

Precisamos estar cientes das maneiras habituais de pensarmos e nos expressarmos, verbalmente e não verbalmente, que nos condicionam a ter associações negativas quanto a falar ou atuar em público. Por exemplo, se nosso jeito típico de responder a uma oportunidade para falar ou atuar em público é ficarmos tensos e pensarmos ou expressarmos algo como: "Ah, não, não vou conseguir fazer isso... Como posso sair dessa?", nossas associações negativas continuarão sendo reforçadas. Em vez disso, precisamos começar a nos identificar com pessoas que não apenas não têm medo de falar ou atuar em público, mas que realmente gostam de fazer isso, e adotar seus padrões de comportamento!

Quando leio sobre pessoas que gostam de falar ou atuar em público, ou mesmo quando converso com elas, vejo algumas coisas em comum. Normalmente, essas pessoas se relacionam com o sentimento maravilhoso que vem ao saber que elas têm a habilidade de influenciar para melhor um maior número de vidas. Elas gostam da habilidade de contribuir e fazer a diferença na vida das pessoas. Elas veem que conseguem fazer isso mais eficazmente em um ambiente de grupo, isso porque conseguem afetar mais vidas do que nas interações um a um. Muitas pessoas também curtem o processo criativo de desenvolver e fazer uma apresentação ou atuação. Elas valorizam a oportunidade de se expressarem e serem ouvidas. Elas se sentem realizadas em seus esforços. Muitas também curtem o papel de liderança que acompanha uma fala ou atuação em público. Elas gostam do sentimento de realização e capacidade que sentem ao se *apresentarem* e cumprirem o desafio.

É essencial que paremos de focar, e de expressar, nosso medo e desconforto quanto a falar ou atuar em público, isso porque quanto mais expressarmos medo e desconforto, mais o medo e desconforto são reforçados e condicionados. Precisamos desenvolver associações mais positivas a respeito da fala ou atuação em público, e condicionar essas associações ao modo como pensamos e nos expressamos. Precisamos expandir nossa autoimagem para ver uma nova possibilidade para nós. Em vez de nos concentrarmos em simplesmente eliminar ou reduzir o medo, podemos elevar nossos padrões e buscar a alegria e satisfação que são possíveis ao ser visto e ouvido.

Fiz várias coisas para elevar meus padrões e me abrir para uma visão mais ampla do que é possível para mim na área do discurso em público. Uma das coisas mais importantes que fiz foi estar constantemente procurando aprender com as pessoas que têm o que eu quero nessa área, assim como na área geral de autocapacitação. Eu li muitos livros, escutei muitas fitas, participei de seminários sobre o desenvolvimento pessoal e conversei com as pessoas para aprender diretamente com elas. Eu me moldei nas pessoas que admiro, e me imagino pensando e me comportando de maneiras novas e expansivas. Eu sigo muitos dos princípios pelos quais essas pessoas vivem e me vejo criando novas possibilidades para mim mesma. Ao fazer isso, eu não tento ser outra pessoa, mas trabalho para me libertar das minhas próprias limitações autoimpostas e desenvolver meu melhor "eu".

Outra coisa que faço é me cobrar pelo meu próprio crescimento e desenvolvimento. Não aceito mais ser menos do que posso ser. Isto significa que agora me arriscarei mais para me estender além da minha zona de conforto, vendo isso como uma oportunidade para crescimento. Não aceito mais os comportamentos de fuga e as desculpas para me safar. Penso no ditado: "*Sem Força de Vontade Não Há Glória*", pelo qual eu vivo hoje. Procuro meios de praticar a coragem em vez de me esconder de medo dessas oportunidades. Tenho tido sentimentos de extrema glória à medida que continuo destruindo as limitações do meu passado e avançando com uma nova visão de quem sou e do que é possível em minha vida. Também procuro oportunidades para praticar o valor da contribuição para os outros, sabendo que este é o nosso propósito básico em um discurso ou atuação.

Uma das minhas maiores alegrias é criar um ambiente de aprendizado no qual a transformação pessoal acontece. É exatamente isso que faço nas minhas classes de Chega de Ter Medo do Palco (No More Stage Fright). É uma experiência incrível observar as pessoas em minhas classes libertarem a trava que o medo tem nelas, e vê-las partir em busca de novas possibilidades para aumentar a coragem e a confiança para falar ou atuar em público.

Visitando Novamente os Participantes do Curso
Eu agora gostaria que os participantes do curso, que visitamos no capítulo 3, compartilhassem algumas de suas experiências e opiniões depois que participaram do meu curso de Chega de Ter Medo do Palco (No More Stage Fright). Eles compartilham informações sobre como aplicaram alguns dos princípios e estratégias que aprenderam na classe para ajudá-los a expandir suas próprias possibilidades de crescimento para além de seus medos.

Steven C.
Steven disse: "Minha participação no curso me proporcionou o *insight* de que muitas pessoas, de todas as profissões, enfrentam esse problema. Senti-me encorajado por isso e não me sinto mais fraco ou defeituoso. Saber que não estou sozinho imediatamente me fez sentir bem sobre mim mesmo."

Steven declarou: "O maior benefício para mim foi o exercício da visibilidade, porque consegui ficar de pé na frente de um grupo e olhar diretamente para as pessoas. Isso me ajudou porque eu sabia que não era esperado nada de mim, e sendo assim, consegui ficar ali, olhando de frente essa fera que me dava tanto medo. Esta foi, de longe, a experiência mais libertadora que já tive em relação a falar em público. A dança maluca depois também fez parte do processo de liberação. Normalmente eu ficaria mortificado em dançar na frente de um grupo, o que fiz no exercício ultrajante, mas foi muito divertido. Acho que a enorme barreira começou a ruir para mim naquele momento."

Steven disse que aprendeu muitas coisas em classe que ele tenta praticar. "Tento diminuir ou eliminar a cafeína da minha dieta, e tento melhorar minha dieta em geral. Também pratico frequentemente as técnicas de relaxamento, incluindo a visualização de um 'lugar bastante seguro'. Escuto músicas relaxantes quando estou fazendo exercícios de relaxamento. Também assisto às minhas fitas para ver que eu não estava tão ruim quanto pensava. A classe me deu um senso de esperança que há anos eu não tinha. Levantar-me na frente das pessoas foi, para mim, um passo enorme, e pretendo seguir meu Plano de Ação, o qual inclui participar de um grupo de discurso em minha área para praticar ainda mais o que eu aprendi."

Outra coisa importante para o Steven é o entendimento de que provavelmente sempre haverá certo nível de medo, mas à medida "que trabalho o meu medo, ele se torna administrável a ponto de não me impedir de aceitar convites para discursar em público, como acontecia antes. No geral, a classe me colocou em uma mentalidade positiva, onde eu finalmente acredito que posso superar meu medo." Ele disse que a coisa mais importante para ele é aceitar o medo e aprender a lidar com ele. Ele sabe que não existe uma solução rápida que eliminará o problema por completo. A principal coisa em que ele está focado é manter-se positivo e continuar trabalhando nisso. "Para mim será uma jornada, mas preciso continuar seguindo em frente, continuar me desafiando a ir um pouco mais além do que eu fui antes."

Julie R.

Julie diz que ela agora tem "uma caixa mental de ferramentas" que usa para lidar com o problema. Ela disse que a primeira coisa foi aceitar seu pânico e entender que ele "não vai me matar". "Eu agora acredito que era egoísmo deixar que meu pânico me impedisse de compartilhar informações, pois ele não me permitia contribuir com os outros." Julie também se lembra: "*Não é sobre mim*, é sobre o assunto que estou falando." E ela agora tenta se divertir enquanto faz uma apresentação! Ela lê suas anotações da classe várias vezes antes de qualquer apresentação, e tem "uma cola" com lembretes bem à sua frente. Ela disse que kava kava, um remédio de ervas, também a ajudou a manter o pânico administrável.

"De todas as classes que participei em minha vida, esta teve o efeito mais profundo. Por ter sido ministrada por um instrutor que passou pela mesma situação e se curou, percebemos que também conseguiríamos nos curar."

Austin P.
Austin diz que ele ainda tem alguns dos pensamentos e imagens que tinha antes, mas que as técnicas discutidas o ajudaram a reduzir a intensidade de seu medo. "Recentemente, eu atuei várias vezes na frente de um grupo grande e tive menos medo do que no passado." Ele usa muitas das técnicas diariamente, e antes de uma apresentação, revisa suas anotações da classe para se lembrar de tirar o foco de si.

Austin disse que participar da classe "foi uma das melhores coisas que já fiz". Ele disse que estar em um ambiente seguro, junto a outras pessoas com o mesmo medo, "afastou muito sua vergonha". Ele agora sabe que seu medo é comum e que ele pode ser realmente controlado ou eliminado. "A única maneira de alguém eliminar ou reduzir seu medo é confrontá-lo. Na realidade, aprendi a desfrutar dos momentos em que me sentia desconfortável porque esta é a única maneira de crescer como pessoa." Ele diz que usa muitas das técnicas que aprendeu, incluindo a respiração profunda, a aceitação de seu medo, o foco na realidade e ouvir sua *voz interior*. "Sou muito agradecido por ter saído da minha zona de conforto e conseguir confrontar meus medos de cabeça erguida. Agora me sinto muito mais no controle da minha vida."

Isabel M.

Isabel aplicou alguns dos princípios e estratégias da classe, mas admite que ela precisa trabalhar outras. As técnicas que ela trabalhou foram a respiração e a substituição de conversas internas negativas por pensamentos positivos. No geral, ela tenta imaginar o sucesso pessoal em todas as oportunidades potenciais para discursar em público, e descobre que isso cria "um quadro melhor do que seria. Isso me tem sido útil porque reforça o *feedback* positivo que recebo dos outros, em vez de abater esse *feedback*." Ela costumava criar muita energia negativa, "que não me fazia bem". Ela está começando a se ver da maneira positiva como os outros a veem, o que para ela é "uma grande conquista. Embora seja importante que eu consiga ir além disso, eu hoje percebo que não é a questão mais importante em minha vida, e não preciso me sentir como um fracasso por causa disso."

Isabel diz que a coisa mais importante que aprendeu é que as suas limitações são aquelas que ela estabelece para si mesma. Para ela, tem sido pior esconder o medo do que enfrentá-lo de cabeça. "Assumir o controle desse medo e me comprometer a superá-lo já me deu um grande alívio." Ela está começando a se ver como alguém que não apenas consegue fazer uma apresentação, mas alguém que faz uma apresentação muito bem!

Jim B.

Jim diz que as classes confirmaram algumas crenças e proporcionaram novas informações em duas áreas importantes: técnicas de confronto do medo e a oportunidade de começar a mudar como ele se vê. "As técnicas que funcionam melhor para mim incluem o bom preparo por meio de exercícios apropriados, dieta e descanso, não ensaiar cada palavra até enjoar e imaginar meu lugar seguro." Embora as técnicas sejam úteis, a oportunidade para mudar sua autopercepção foi a mais valiosa para ele. A gravação de seus discursos durante as classes, juntamente com o *feedback* por escrito de seus colegas de classe, proporcionou *insights* surpreendentes sobre como os outros reagem a ele e em como ele se vê. "Quando assisti ao vídeo pela primeira vez, fiquei pasmo em ver que muito da minha ansiedade não estava à mostra! Eu não parecia e nem soava tão ruim como eu esperava." O *feedback* por escrito dos colegas de classe indicou que ele parecia confiante. Ele não esperava isso e achou ótimo ver esse tipo de comentário vindo de várias pessoas. Ele também se beneficiou com um pouco da nossa crítica construtiva. Ele aprendeu que precisava projetar mais energia e sorrir mais. "Receber esse tipo de *feedback* fez sentido e o uso dessas sugestões me ajudou a reduzir ainda mais minha ansiedade."

Jim diz: "Não devemos presumir que entendemos completamente nosso problema em relação a falar em público por conta própria. Eu acho que devemos compartilhar nossos medos com outras pessoas, tentar alguns exercícios e obter *feedback*. A autopercepção de uma pessoa não é necessariamente precisa e você poderá ficar prazerosamente surpreso pelo *feedback* que recebe de outros!"

Kathryn M.
Tem sido uma grande ajuda para Kathryn perceber a origem de seu medo, assim como aprender a estar consciente das mensagens negativas que enviamos para nós mesmos. "O que particularmente me ajudou foi a técnica de tirar o foco da gente, de ser menos autoconsciente e de aprender que, quando estamos discursando, não é sobre a gente. É, sim, sobre a mensagem que queremos passar e que temos o direito de comunicar." Ela aprendeu que podemos fazer toda a diferença e devemos isso a nós mesmos. Desde que participou das classes, Kathryn diz ter se tornado "mais destemida". Ela recentemente organizou e liderou um retiro para mulheres. "Acabei de perceber que não sou introvertida, mas sim extrovertida!".

Reggie D.

Reggie diz que, depois das classes, ele tentou pegar alguns dos princípios, os quais ele achou mais eficazes, e usá-los em sua vida diária. Ele tenta evitar cafeína o máximo possível. Ele também frequentemente faz exercícios de respiração e tem tentado usar mais visualização positiva ultimamente. "Desde a classe, tive mais experiências positivas do que ruins." Ele teve três entrevistas bem-sucedidas para um novo cargo dentro de sua empresa. "As técnicas que usei me permitiram parecer mais confortável e falar mais facilmente na frente dos entrevistadores." Ele também teve uma introdução livre de estresse e fez uma apresentação na frente de sua classe de MBA. Ele disse que foi tudo bem e que estava bastante emocionado. "Pouco depois disso, tive de me introduzir em um treinamento e um pouco da ansiedade voltou." Ele disse saber que isso levará tempo, mas planeja continuar trabalhando para ter progresso. "Na realidade, de maneira estranha, estou ansioso para me colocar nessas situações, obter mais experiência e, esperançosamente, sentir-me mais confortável." Ele diz que o impacto da classe e as técnicas aprendidas "me ajudaram muito a progredir na área de falar em público".

A coisa mais importante que Reggie gostaria de compartilhar é: "Consegui progredir mesmo quando não tinha certeza se havia progresso. Isso não aconteceu da noite para o dia, mas tive pequenos sucessos que me motivaram a superar minha ansiedade." Ele fala da classe como sendo um ótimo ambiente para começar a trabalhar esse tipo de medo e desconforto. Ele achou que a classe tinha uma atmosfera de apoio, e desafia os participantes a "ir em busca. As classes realmente me ajudaram a colocar as coisas em perspectiva." Ele disse que a classe era um grupo de indivíduos bastante diversos e amigáveis, vindos de todos os meios. "Foi ótimo!"

Suzanne G.

Suzanne agora se comprometeu a aprender a confiar em si mesma e em suas próprias palavras. O curso foi um passo para esse aprendizado. "Para mim, tem sido muito importante enxergar o falar em público de maneira prática." Ela não tem o tipo de personalidade que gosta de "falar por falar. Eu tenho de sentir que aquilo que estou dizendo é importante e valioso para alguém." A primeira coisa para ela é focar na importância do que está dizendo, não em seu medo. "Hoje em dia, quando tenho algo a dizer, eu digo. Eu tento manter meu medo fora da equação e apenas focar no que estou aqui para dizer."

Michael D.
Michael diz que ele ainda tem os sintomas, mas: "A grande diferença é que agora eu consigo falar em público e isso não é tão ruim." Desde que participou da classe, seu medo diminuiu e seus sintomas são menos severos. Isso permitiu que ele reduzisse substancialmente a dose de Inderal que toma. "Encontrei esperança em uma situação que parecia sem esperança, sabendo que é possível superar meu problema." Ele diz que é preciso ter coragem, e talvez raiva, para querer "atacar e curar o problema". Ele acha que o medicamento tem sido "minha salvação, e participar da classe foi uma das coisas mais corajosas que já fiz". Ele acha importante que as pessoas, quando descobrem que têm esse problema, tratem-no imediatamente, e que pratiquem o falar em público desde jovem para que a fobia não se enraize.

Diana A.
Diana diz que as afirmações "Eu tenho o direito de me expressar" e "Eu posso ouvir críticas construtivas" foram bastante úteis para ela. E, também, a afirmação "Não sirvo ao mundo quando participo pouco" tem sido a sua grande inspiração. Entender o que é a fobia e como a mente e o corpo enviam mensagens um ao outro que levam a um efeito espiral do medo também foi bastante útil. "Minha experiência em participar da classe e aprender a fazer a respiração profunda e a me assentar na realidade foi bastante útil. Outra coisa

que me foi útil foi escrever a história da fonte do meu medo e jogá-la fora." Com isso, ela pôde dizer "a partir deste momento, vou ter um novo começo". Ela também segue o conselho de sua professora de canto, que lhe disse para fazer uma prece de agradecimento pelo seu dom todas as vezes em que ela pisar no palco. Diana diz: "nunca estamos tão velhos para acabarmos sendo quem realmente somos".

Tuzines N.
Tuzines diz ter se agarrado aos benefícios que obteve da classe. "Eu toco meu violino com mais desenvoltura e muito menos nervosismo. Pratico as técnicas que aprendi na classe antes de uma performance ou apresentação. Também faço exercícios de respiração profunda e digo a mim mesma que tudo vai dar certo." Ela se prepara praticando o violino em casa e trata os concertos como prática para aliviar um pouco da pressão. "O tremor em minhas mãos reduziu muito, resultando em uma performance melhor e mais suave." Ela acha que as coisas que aprendeu na classe são ótimas e que os métodos têm valor duradouro.

Mais uma vez, gostaria de expressar meu profundo agradecimento aos participantes da classe que compartilharam suas experiências neste livro. Também quero agradecer a todos eles por sua coragem e determinação em enfrentar seus medos e a não continuarem sendo limitados por eles.

Minha missão é criar e inspirar coragem, poder pessoal e energia positiva nos outros. Espero ter alcançado meu propósito ao escrever este livro. Agradeço-lhes pela oportunidade de poder fazer diferença em suas vidas. Sinto uma afinidade espiritual com vocês por ter sofrido com um desafio similar na vida. Eu quero para vocês tudo que encontrei para mim, que derrubem as limitações autoimpostas e tornem-se mais do que vocês já sonharam. Espero que minha história possa inspirá-los a elevar os padrões pelos quais vocês vivem suas vidas e a não mais aceitar as limitações impostas pelo medo e pelas dúvidas. Minha esperança é que vocês consigam se livrar dessas limitações para que possamos todos nos beneficiar dos dons que vocês têm para contribuir com nosso mundo.

RESUMO

- Estamos tão acostumados a sentir o medo e o desconforto associados ao discurso ou atuação em público que criamos limitações à nossa autoimagem, achando que nunca poderemos ser alguém que gosta de falar ou atuar na frente dos outros.

- Precisamos parar de focar e de expressar nosso medo e desconforto porque isso continua reforçando e condicionando esses sentimentos. Em vez disso, precisamos criar e reforçar associações novas e mais positivas com o discurso ou atuação em público.

- Conseguimos isso quando aprendemos com pessoas que gostam de falar ou atuar em público. Podemos aprender o que essas pessoas pensam e fazem, aquilo que as permite experimentar prazer ao falar ou atuar em público, e nos moldarmos nelas.

- Podemos expandir nossa autoimagem e a visão de nós mesmos, e criarmos novas possibilidades para autoexpressão que nunca imaginávamos possível. Para isso, é preciso se comprometer em manter padrões mais altos e se arriscar a ir além da sua zona de conforto para experimentar as recompensas do outro lado.

ETAPAS PARA AÇÃO

- Em seu diário, faça uma lista das novas associações com o discurso ou atuação em público. Foque no potencial prazer e divertimento que você poderá experimentar ao falar ou atuar em público, quando o medo não estiver mais bloqueando os sentimentos positivos. Se você estiver tendo dificuldades para considerar isso agora, escreva as coisas que você imagina que outras pessoas acham prazerosas sobre falar ou atuar em público.

- Escreva a declaração de uma visão que permita a você criar uma nova identidade de quem você é como orador ou ator. Permita que essa declaração expanda sua autoimagem para além de onde você está agora, e o guie em sua jornada para se tornar quem você quer ser. Permita que a declaração reflita uma visão do que é possível para seu futuro, dando continuidade ao seu compromisso em realizar os esforços necessários para trazer essa visão para a realidade.

- Leia sua declaração da visão duas vezes por dia pelos próximos três meses, e crie uma imagem mental dessa visão manifestando-se na realidade. É mais útil se você fizer isso à noite, pouco antes de deitar-se, para que sua mente inconsciente possa trabalhar para realizá-la. É também útil fazer isso logo pela manhã, antes que as distrações do dia comecem.

- Planeje falar ou atuar na frente de um grupo de cinco ou mais pessoas que você reuniu para os dois exercícios anteriores. Concentre-se na alegria da autoexpressão e em sua nova visão de quem você quer ser como orador ou ator. Planeje falar por pelo menos 15 minutos, e aumente esse tempo à medida que o tempo passa, pedindo que o grupo se reúna para apoiá-lo até que você se sinta mais confiante como orador ou ator. Lembre-se também de usar os métodos aprendidos nos capítulos anteriores e de atualizar sua Lista de Estratégias, assim como sua *Fórmula para o Sucesso*, com tudo que você aprendeu até agora. Continue a revisar seu material regularmente e acrescente outras coisas a este, à medida que descobre novos meios de se capacitar como orador ou ator.

- Escreva um Plano de Ação para direcionar seu progresso. Coisas que talvez você queira considerar incluem mais leitura sobre o assunto de discurso ou atuação em público, *peak performance*, procurar modelos exemplares com os quais pode se identificar, participar da minha classe sobre Chega de Ter Medo do Palco (No More Stage Fright), ingressar em um grupo para obter mais prática em falar ou atuar em público, e seguir totalmente a prática dos exercícios descritos nos capítulos anteriores para reforçar e condicionar novas maneiras de pensar e novos comportamentos.

Posfácio

Agradeço a você, leitor, pela oportunidade de fazer diferença em sua vida. Sou grata pelo meu próprio sofrimento ter sido transformado em uma missão que serve um bem maior, ajudando outras pessoas que lutam com esse problema. Ficaria muito agradecida em receber um *feedback* seu sobre meu livro e quaisquer sugestões que você tenha para melhorar meu trabalho em ajudar as outras pessoas a superar seus medos de falar ou atuar em público. Peço-lhe que visite meu site na Internet, www.performanceanxiety.com, e complete as pesquisas on-line sobre suas próprias experiências com medo de palco e suas reações ao meu livro. Ou envie um e-mail diretamente para mim, jesposito@performanceanxiety.com, com comentários, perguntas ou sugestões.

Agradeço seu *feedback*, pois este me dará um entendimento melhor sobre como posso avançar na minha missão. Também gostaria que você falasse sobre o meu trabalho com outras pessoas que precisam de ajuda nessa área.

Também estou disponível para *coaching* individual por telefone, e-mail ou pessoalmente. As pessoas acreditam que o *coaching* é útil para reforçar as habilidades que elas estão aprendendo e em apoiar seu progresso contínuo. Também estou disponível para apresentações em organizações e eventos de falar em público.

Por favor, visite meu site de vez em quando para se manter informado sobre os locais de cursos e outros produtos e serviços que estou desenvolvendo, inclusive uma série de fitas de áudio, programas executivos e corporativos, e um programa infantil. Se você ou sua empresa gostaria que eu oferecesse um curso em um local específico, por favor, entre em contato. Será um prazer atendê-lo.

Mais uma vez, muito obrigada por juntar-se a mim nesta jornada. Desejo-lhe cada vez mais coragem, confiança e poder nas suas experiências de discurso ou atuação!

Com Apreciação e Respeito,
Janet Esposito
e-mail: *jesposito@performanceanxiety.com*
site: *www.performanceanxiety.com*

Anexo

Feedback dos Participantes do Curso Chega de Ter Medo de Palco ("No More Stage Fright")

Esse curso mudou minha vida! O curso Chega de Ter Medo do Palco ("No More Stage Fright") do qual participei foi a virada que me ajudou a me livrar do terror de falar em público. Por mais de 15 anos, sofri com a ansiedade de ter de falar em público e me sentia desamparado. Após voltar do *workshop*, tive várias apresentações. Inicialmente, eu estava um tanto cético, mas imediatamente apliquei o que havia aprendido e consegui fazer as apresentações com o mínimo de ansiedade. O curso Chega de Ter Medo do Palco ("No More Stage Fright") é excelente.

J.G
Diretor de RH, Área da Saúde

Essas aulas foram o melhor presente que eu já me dei. Queria ter tido a coragem de tê-las feito antes! Entender o medo e trabalhá-lo em um ambiente seguro e compassivo teve um impacto positivo em muitas áreas da minha vida – não apenas no discurso em público!

D.G.
Gerente, Empresa de Tecnologia

O curso de Janet me deu uma nova oportunidade na vida. Não sinto mais o estômago embrulhado. Ela passou pelo mesmo problema e seu curso mostra a compaixão e o profundo entendimento de alguém que se recuperou. INSCREVA-SE, FAÇA O CURSO, e mesmo o mais cético passará a acreditar. É incrível. Ponto final.

  C.E.
  Pediatra, Profissional da Saúde

Se você sofre com qualquer tipo de medo de falar em público, você PRECISA fazer esse curso. Ele vai mudar sua vida. Após fazer o curso, muitas novas oportunidades profissionais, assim como sociais, tornaram-se disponíveis para mim. Estou muito mais relaxada em partes da minha vida onde antes eu nunca havia relaxado. A participação nessa classe foi uma das melhores escolhas que já fiz.

  S.C.
  Estudante de Graduação

Não consigo agradecer a Janet o suficiente pela confiança que ela me ajudou a encontrar dentro de mim. O curso é imensamente recompensador. Eu hoje gosto de falar em público – não há nada mais recompensador do que ficar em pé na frente de uma plateia e ser reconhecido.

  K.S.
  Autônomo, Investidor Pessoal

A classe deu uma reviravolta na minha vida. Eu sempre quis atuar em teatro musical, mas nunca o fiz porque tinha muito medo de fazer uma audição para cantar. Desde que fiz esse curso, não apenas consegui fazer as audições, mas também ganhei papéis importantes em dois musicais nos últimos seis meses. Serei para sempre agradecida à Janet Esposito pelos resultados que ela me ajudou a alcançar.

  A.G.
  Atriz, Artes Cênicas

O curso de Janet é demais! Você não vai encontrar um ambiente mais adequado para superar seu medo do palco. Seus *insights* e suas sugestões, juntamente com as experiências práticas, fazem com que este fosse singular! Participar do curso de Janet foi a melhor coisa que já fiz para mim!

E.L.
Cientista Clínica, Empresa Farmacêutica

O curso de Janet me proporcionou um ambiente seguro para enfrentar esse medo que há muito tempo interfere com a minha vida. Através dos exercícios de Janet, e com o apoio da classe, eu finalmente vi "a luz no fim do túnel". Obrigada, Janet, por ter lançado o salva-vidas quando eu mais precisava!

J.C.
Corretora de Imóveis

Embora eu estivesse aterrorizado em falar na frente do grupo, eu me forcei e fiquei muito feliz por ter conseguido essa façanha. Saí do curso de Janet pensando "SIM, EU CONSIGO", em vez de "EU NÃO CONSIGO".

L.T.B.
Assistente Jurídico, Produtos Alimentares

O que ganhei por ter feito o curso Chega de Ter Medo do Palco ("No More Stage Fright"), para mim, não tem preço. Inicialmente, eu temia ter desperdiçado meu tempo e dinheiro porque estava com muito medo de participar do curso. Apesar disso, aprendi muitas coisas maravilhosas apenas observando outros que se sentem como eu. E também por pegar o que foi ensinado e praticar até me sentir suficientemente confortável para superar um pouco do meu medo.

D.P.
Professora de Primeiro Grau, Educação

O curso abriu meus olhos para o fato de que muitas pessoas, de todos os tipos e profissões, experimentam ansiedade para falar em público, e Janet proporcionou encorajamento e um ambiente seguro para nos livrarmos do medo.

       R.P.
       VP Sênior, Serviços Contábeis/Financeiros

Achei que as classes foram um benefício tremendo e vi resultados bastante tangíveis em me ajudar a superar meu medo. No passado, a única maneira de completar um compromisso para falar em público era tomando medicamentos. Meus sintomas eram severos – mas no curso, eu descobri que consigo falar confortavelmente sem nenhum medicamento. E, no mundo real, minha necessidade por medicamentos foi grandemente reduzida – na realidade, eu recentemente tive sucesso ao fazer um mini discurso de improviso sem qualquer medicamento. Isso é algo que há apenas alguns meses atrás (antes do curso) eu nunca teria feito!

       J.H.
       Diretor Administrativo, Comércio

Esse curso me ajudou a aumentar minha confiança para falar diante de um grupo. Hoje, olho para trás, para como eu costumava ser, e vejo uma diferença notável.

       J.O.
       Diretor de Desenvolvimento e Eventos
       Especiais, Serviços Humanos

Eu acho que a melhor coisa sobre o curso foi o senso de "segurança". Sem esse nível de conforto, minha participação não teria sido possível.

       P.B.
       Analista de Rede, Computadores

Esse curso definitivamente me ajudou a quebrar as barreiras e parar de correr do meu medo de falar em público. Nas aulas, você realmente aprende como administrar o "medo", além de muitas técnicas úteis para tornar-se muito mais confiante ao falar em público.

                        D.H.
                        Chefe de Cozinha, Serviços Alimentícios

Eu nunca tive medo de confrontar meus medos, mas o curso da Janet me ajudou a confrontar meus medos da maneira correta. Eu hoje tenho técnicas sólidas para me apoiar quando sinto alguns desses sentimentos negativos. O fim de semana todo foi bastante desafiador, e eu me senti muito bem por "Ter dado o melhor de mim".

                        D.P.
                        Controller, Varejo

Referências

American Psychiatric Association, 1994. *Diagnostic and Statistical Manual of Mental Disorders (DSM – IV)*,Washington,DC: APA.

Beck, A. e G. Emory, 1985. *Anxiety Disorders and Phobias: A Cognitive Perspective*. New York: Basic Books.

Bourne, E., 1995. *The Anxiety & Phobia Workbook*. Califórnia: New Harbinger Publications.

Davis, M., E. R. Eshelman e M. McKay, 1995. *The Relaxation & Stress Reduction Workbook*. Califórnia: New Harbinger Publications.

Harris, T., 1969. *I'm OK-You're OK: A Practical Guide to Transactional Analysis*. New York: Harper & Row Publishers.

Jacobson, E., 1938. *Progressive Relaxation*. Chicago: Editora da Universidade de Chicago.

Maltz, M. e D. Kennedy, 1997. *The New Psycho-Cybernetics: A Mind Technology for Living Your Life Without Limits* (fitas de áudio). Illinois: Nightingale-Conant Corporation.

Narrow, W., D. Rae e D. Regier, 1999. *Prevalence of Anxiety Disorders: An NIMH Epidemiology Note.* ADAA Reporter, Inverno de 1999, 2, 24-25.

Robbins, A., 1996. *Personal Power II: The Driving Force* (fitas de áudio). Califórnia: Robbins Research International, Inc.

Wrightson, C. *America's Greatest Fears*, Health, Jan/Fev 1998, Vol.12, Exemplar 1, p.45.